李强 / 著

论造血式金融体系的构建

The Construction of Hematopoietic Financial System

中国财经出版传媒集团
经济科学出版社
Economic Science Press

图书在版编目（CIP）数据

论造血式金融体系的构建／李强著．—北京：经济科学出版社，2017.9

ISBN 978－7－5141－8513－3

Ⅰ.①论… Ⅱ.①李… Ⅲ.①金融体系-研究 Ⅳ.①F830.2

中国版本图书馆 CIP 数据核字（2017）第 242364 号

责任编辑：杜　鹏　凌　健
责任校对：郑淑艳
责任印制：邱　天

论造血式金融体系的构建

李强／著

经济科学出版社出版、发行　新华书店经销
社址：北京市海淀区阜成路甲 28 号　邮编：100142
总编部电话：010-88191217　发行部电话：010-88191522
网址：www.esp.com.cn
电子邮件：eps_bj@163.com
天猫网店：经济科学出版社旗舰店
网址：http://jjkxcbs.tmall.com
北京季蜂印刷有限公司印装
710×1000　16 开　9.5 印张　190000 字
2017 年 11 月第 1 版　2017 年 11 月第 1 次印刷
ISBN 978－7－5141－8513－3　定价：49.00 元
(图书出现印装问题，本社负责调换。电话：010-88191502)
(版权所有　翻印必究　举报电话：010-88191586
电子邮箱：dbts@esp.com.cn)

前　言

金融资本被比作发展经济的血液，金融体系是社会主义市场经济体制的重要组成部分。改革开放以来，随着我国社会主义市场经济体制逐步建立健全，金融体系也基本建立，并且在社会主义市场经济运转过程中发挥了重要的作用。但是，长期以来，我国金融体系"输血"不足、"造血"不够却是一个不争的事实。就像诺贝尔和平奖获得者尤努斯所说："穷人每天辛苦劳作却依然贫穷，是因为这个国家的金融机构不能帮助他们扩展他们的经济基础，没有任何正式的金融机构来满足穷人的贷款需要。"虽然由于国情的不同，尤努斯的上述论断不一定适合我国，但是我国社会主义市场建设过程中面临的一些问题（比如中小企业融资难、通货膨胀、经济萧条、股市暴跌等）也是相当严峻的，这些都与我国目前的金融体系有关。

当前国际国内形势发展，对我国金融业提出了新的更高要求。深化金融体制改革，建立高效安全的现代金融体系，为实现经济社会又好又快发展做出更大贡献，是一项紧迫而重要的任务。党的十八届三中全会通过《中共中央关于全面深化改革若干重大问题的决定》也明确指出，加强我国金融基础设施建设，改善区域经济组织的造血功能，成为我国未来金融改革的重要议题之一。事实上，金融改革重点在于构建良好的金融体制，盘活社会闲置资本，提高资金使用的效率，提升金融体系的服务功能，确保资金的融通、保障、治理、调控等各个环节秩序井然。金融体系的完善在于保证国家宏观调控中货币政策有效实施，使得资本市场、银行体系稳健运行，最终实现虚拟领域的资金有效支持实体经济的需求发展。党的十八届五中全会通过的《中共中央关于制定国民经济和社会发展第十三个五年规划的建议》指出，立足"十三五"时期国际国内发展环境的基本特征，围绕创新发展、协调发展、绿色发展、开放发展和共享发展五大理念，为未来五年深化金融体制改革明确了目标、提出了要求。我们要深刻领会和贯彻落实十八届五中全会精神，将五大理念贯穿于金融体制改革的全过程。本书正是通过对造血式金融体系的探讨，寻求造血式金融体系的构建路径，从而提高金融服务实体经济的效率，促进经济金融平衡、稳健、安全和可持续发展，最终有利于发挥金融体系对国民经济的促进作用。

本书内容安排方面，第一章导论部分提出问题，说明研究目的以及研究的理论意义与实际意义，阐述国内外研究现状，指出研究方法与研究思路。第二章说明金融体系的概念与构成，阐述金融体系的功能，在此基础上进一步分析我国金融体系的构成及功能。第三章阐述国外金融体系的形成与演进，分析金融体系形成和演进的内在根源，研究我国金融体系演进历程。第四章分析典型吸血式金融体系个案及其危害性（第一次世界大战以后德国爆发的恶性通货膨胀、南京国民政府统治时期的恶性通货膨胀、1929~1933年资本主义世界经济大危机）。第五章研究金融体系对区域金融发展水平的促进作用。第六章介绍我国金融体系创新的现状与特点，分析我国金融体系创新的SWOT，说明金融体系创新的作用和意义，提出关于我国金融体系创新的几点建议。第七章分析世界几个主要国家（美国、英国、德国、法国、日本、俄罗斯、印度、巴西）金融体系的特点及借鉴。第八章探讨造血式金融体系的构建路径。

作者

2017年8月

目　　录

第一章　导论 ………………………………………………………………… 1
　一、问题的提出与研究目的 ………………………………………………… 1
　二、国内外相关研究现状评述 ……………………………………………… 3
　三、研究理论意义与实际意义 ……………………………………………… 9
　四、研究方法与研究思路 …………………………………………………… 9
第二章　金融体系的构成和功能 …………………………………………… 11
　一、金融体系的概念与构成 ………………………………………………… 11
　二、金融体系的功能 ………………………………………………………… 15
　三、我国金融体系结构及功能 ……………………………………………… 18
　四、金融体系必备的能力 …………………………………………………… 23
第三章　金融体系的形成与演进 …………………………………………… 27
　一、国外金融体系的形成与演进 …………………………………………… 27
　二、我国金融体系演进历程 ………………………………………………… 39
第四章　典型吸血式金融体系历史回顾 …………………………………… 45
　一、典型吸血式金融体系个案 ……………………………………………… 45
　二、典型吸血式金融体系的危害性 ………………………………………… 51
第五章　金融体系对区域金融发展水平的促进作用 ……………………… 56
　一、我国区域金融发展水平度量指标的选取与数据来源 ………………… 56
　二、金融体系对我国区域金融发展水平促进作用的实证分析 …………… 58
第六章　中国金融体系创新的 SWOT 分析 ………………………………… 66
　一、我国金融体系创新的现状与特点 ……………………………………… 66
　二、我国金融体系创新的优势（strength） ………………………………… 70
　三、我国金融体系创新的劣势（weakness） ……………………………… 72
　四、中国金融体系创新面临的机遇（opportunity） ……………………… 74
　五、中国金融体系创新遭遇的威胁（threat） ……………………………… 76

六、金融体系创新在推动金融产品发展方面的作用
　　　——以结构性理财产品为例 …………………………… 78
　　七、关于我国金融体系创新的建议 …………………………… 84

第七章　世界几个典型资本主义国家金融体系的特点及借鉴 ……… 87
　　一、世界几个典型资本主义国家金融体系的特点 …………… 87
　　二、世界几个典型资本主义国家金融体系的借鉴 …………… 98

第八章　造血式金融体系构建路径 ………………………………… 105
　　一、完善我国金融市场结构 …………………………………… 105
　　二、探索混业经营模式 ………………………………………… 107
　　三、加快互联网金融建设 ……………………………………… 109
　　四、构建中小企业金融组织体系 ……………………………… 113
　　五、发展农村金融服务体系 …………………………………… 114
　　六、提升银行个人理财产品的发展水平 ……………………… 117

附录 …………………………………………………………………… 121

主要参考文献 ………………………………………………………… 137

第一章

导 论

一、问题的提出与研究目的

(一) 问题的提出

中国经济在经历改革开放 30 多年的高速发展后，一跃成为全球第二大经济体。但是，在我国经济高速发展的背后，各种矛盾也日益突出，例如资源消耗大、环境污染严重、产业结构不合理、国内有效需求不足以及国内经济发展对外倚重过大等。如何推动中国经济迈上一个新台阶，成功跨越"中等收入陷阱"，成为经济新常态下的一个热点话题。其中，金融成为推动中国经济发展的重要因素之一，如何促进我国金融体系的健康发展，从而为我国经济实现可持续发展提供有力支持，备受社会各界关注。邓小平早在 1991 年 1 月 28 日～2 月 18 日视察上海时就指出，金融很重要，是现代经济的核心，金融搞好了，一着棋活，全盘皆活。这一经典性的观点深刻地揭示了金融在现代经济中的地位和作用。自邓小平谈话至今 20 多年的历史也证明了这一理论观点的正确性。因此，营造一个健康、稳定的金融体系有利于促进国民经济的持续、快速发展。

从现实角度出发，金融体系对国民经济的促进作用是有限的。尤其是在历次经济、金融危机时期，金融体系对国民经济的吸血现象都非常严重。1929～1933 年资本主义世界经济大危机时期，整个资本主义世界银行体系陷于瘫痪，生产急剧下滑，劳动者大量失业，人民生活极度贫困。1973～1975 年石油危机时期，各几个典型资本主义国家货币急剧贬值，以美元为中心的布雷顿森林货币体系宣告瓦解，工人大量失业，形成"滞胀"现象。在 1997 年发生的亚洲金融危机期间，东南亚一些国家货币迅速贬值，通货膨胀严重，这次危机对东南亚各国以及日本、韩国等国家的经济产生了严重影响，并且也引发了俄罗斯和巴西的金融动荡。2008年以来，由美国次贷危机引发的金融危机导致全球有近5万亿美元的财富消失，数以万计的企业惨遭破产倒闭，数以万计的劳动者失业，也引起了诸多学者重新开始研究金融体系以及金融体系与经济发展之间的相互关系。

我国从新中国成立之初的计划经济体制逐渐转变为社会主义市场经济体制，市场在资源配置中的作用从"有效补充"到"基础性作用"再到"决定性作用"，与之相随，我国金融体系也从过去以计划为主的金融体系转向以市场为导向的服务型金融体系。近些年来，我国金融体制改革取得了显著成绩，金融业对实体经济的发展正向促进作用逐渐显现，对现代经济的服务功能逐渐加强，为我国四个现代化的建设做出巨大贡献。但不可否认的是，由于我国金融基础相对薄弱，金融体系内部的制度不够完善，并且我国金融业的发展也经历了不少弯路，因此，同西方发达国家相比，我国金融体系依旧比较落后。我国金融体系的"造血"功能严重不足，这主要体现在以下两个方面：一是在财政融资方面，同以美国为代表的发达经济体相比，相差甚远，且灵活性较弱；二是在证券融资方面，由于资本市场依旧存在一些有待改善的地方，使得企业主通过这一渠道融资的数量，近年来呈现出不稳定的态势。我国上述两个融资渠道相对较弱，使得银行信贷目前仍然是我国金融体系"造血"的主要阵地。目前，我国国内闲置资金过多，投资主体投资无路与中小企业严重缺乏生产资金的现象并存，这也说明了我国金融体系的造血功能严重不足。

随着国际资本在全球范围内的加速流动，高新技术的迅速发展，金融创新的日新月异以及中国加入WTO等，我国金融体系所面临的问题与困难也更加严重，以前改革所回避和延缓的问题已经到了必须解决的时候，中国金融体系改革已经到了一个非常重要的阶段。在这一阶段，中国应该选择一个什么样的金融体系，其中最核心的就是如何充分发挥金融体系的造血功能，从而极大地促进国民经济的发展。因此，本书对我国造血式金融体系的探讨具有一定理论与现实意义。

（二）研究目的

本书研究的主要目的有以下三点。

第一，列举出历史上发生的几个经典吸血式金融体系的个案，通过对这些经典吸血式金融体系个案的分析，总结其危害性，并且进一步探讨造血式金融体系的构建路径。

第二，分析我国金融体系创新的现状与特点，分析我国金融体系创新的

SWOT，说明金融体系创新的作用和意义，提出关于我国金融体系创新的几点建议。

第三，采用比较法分析世界几个典型资本主义国家金融体系的特点、形成与演进的路径，总结出金融体系形成与演进的内在根源，并且得出世界几个典型资本主义国家金融体系对我国的借鉴之处。

二、国内外相关研究现状评述

（一）国外相关研究现状

国外学者对金融理论与金融发展理论做出了大量的研究，国外学者对经济发展与金融发展的辩证关系也早有论述。

早期的经济学家主要是对货币的中性问题和非中性问题研究较多，中性论者认为货币只是实体经济的符号，非中性论者则认为储蓄货币通过向投资的有效转化，可以促进实体经济的发展。需要指出的是，早期研究仅限于理论研究，缺少相应的实证分析。在 20 世纪中叶，人们开始逐渐把研究的焦点转向金融在实体经济发展中应该扮演的角色和发挥的作用。戈德史密斯（Goldsmith，1969）出版的《金融结构与金融发展》一书，奠定了金融发展理论的基础，也因此成为金融发展理论的鼻祖。格利和肖（Gurley and Shaw，1960）在《金融理论中的货币》一书中提出了广义的货币金融理论。在分析中，通过先建立简单模型、随后逐渐增加新变量的方法，建立了较为完整的货币、债务和经济增长模型。通过模型分析，提出了经济体之间的储蓄—投资差异是金融制度存在的前提思想，并强调了实体经济发展的重要性问题。戈德史密斯于 1969 年提出金融结构理论，他指出，各国金融机构的差异能够反映其金融发展的程度，为此，提出包括"金融相关比率"在内的八个定量指标衡量金融结构状况，并揭示金融发展的内在演化路径，即：各国金融结构不同，但金融发展的趋势是相似的。戈德史密斯通过总结出金融发展的十二条规律，揭示了金融相关比率的变化趋势、金融结构变化、金融发展、外部金融与经济发展之间的关系等方面的内容。通过对金融现象的总结分类，把一国的金融划分为金融工具、金融机构和金融结构。他认为金融发展的实质是指金融结构的变化，通过对世界百年的金融发展和 35 个国家货币制度状况的分析，得出经济发展与金融发展是同步的，经济快速发展的时期一定伴随着金融的发展的结论。肖和麦金农提出金融深化论，肖（Shaw，1989）在《经济发展中的金融深化》

一书中摒弃新古典理论，认为在经济落后的发展中国家没有形成统一的市场和价格，资本市场也被分割且受到相关部门的干预，正是由于政策上的失误，使得发展中国家在金融上受到压制，利率低于市场均衡水平，同时，又未能有效控制通货膨胀，造成负利率化。同时，麦金农（Mckinnon，1988）在《经济发展中的货币与资本》一书中也对新古典理论进行了修正，指出由于发展中国家的经济和货币制度的特殊性，新古典理论并不适用于发展中国家。他认为，在一定条件下，实际货币数量与投资水平是互补关系，得出发展中国家经济欠发达的根源之一是实际利率的金融抑制，应当通过金融自由化来达到实际利率水平的实现，从而保证资金上的自给，进而促进经济发展。金融深化理论突出了金融在实体经济发展中的作用，否定了新古典理论和凯恩斯理论所认可的货币与实物资本相互替代的假设，为发展中国家促成经济发展提供了一个新的思路。

20世纪80年代，多数发展中国家依照金融深化的理论，开始在本国推行金融自由化。随着自由化进程的推进，各种问题逐渐暴露。例如，信贷配给现象存在，信息不对称造成金融深化无法实现资源配置效益，甚至有些国家在实行金融自由化后出现严重的金融危机，这些促使各国经济学家进一步分析金融对实体经济发展的作用。

帕特里克（Patrick，1966）提出了"金融供给论"和"金融需求论"。他认为，在发展中国家，很多财富以实物形式存在，随着经济的发展，人们希望把过量的储备和非生产性耐用品转换为生产性资金，为了实现这一转换，金融体系必须提供流动性更好、易于分割、收益高且风险小的替代资产。因此，在发展中国家，应当采取金融优先发展的政策，在需求产生以前率先发展金融。帕特里克指出，在金融发展过程中存在"需求导向"和"供给导向"两种模式。"需求导向"是指，在市场不断发展的前提下，为了有效控制交易成本和分散风险，从而对金融发展提出要求，这是实体经济发展的结果。"供给导向"的金融发展是指金融发展优先于金融需求，对经济发展有着积极主动的影响。他认为"供给导向"模式对早期经济发展起主导作用，随着一国或地区经济发展水平的提高，"需求导向"的金融发展模式会逐渐占据主导地位。

20世纪90年代后，随着信息经济学的兴起，信息不对称对金融发展的影响逐渐被学者认知。赫尔曼（Hermann，1997）等人在金融深化理论的基础上提出了金融约束论。他们认为，鉴于发展中国家经济发展落后的现实情况，政府对金融部门的选择性干预有助于金融深化，理由是，在保证宏观经济稳定的前提下，通过对贷款利率的有效控制，对市场竞争和资产替代加以一定程度的限制可以为金融和生产部门提供租金，从而提高金融体系的运行效率，促使金融深化。金融约束理论实质上是发展中国家从金融压制状态走向金融自由化状态的一个过渡性理论，它主要是针对发展中国家在经济转轨过程中存在的信息不对称。金融监管不力的现实情况下，发挥了政府解决"市场失灵"的作用，是金融深化理论的完善。莱姜（Raghuram Graham, 1998）和任格尔斯（Luigi Zingales, 1998）在总结各方面的研究成果之后，提出了金融发展与经济发展的因果关系论。他们认为，无论金融发展与经济发展之间是"内生关系"还是"外生关系"，更为重要的是金融发展水平对经济增长的影响。他们认为，一国的金融发展当以吸引借款者和储蓄者的便利程度和商业信用为衡量标准。他们通过对相关国家的实证研究得出：越是富有的国家，金融部门越发达，金融发展、金融支持对经济增长的贡献作用具有非均衡作用机制且效果具有长期性。

（二）国内相关研究现状

国内学者在结合我国实际的情况下，从不同的角度分析了金融发展与经济增长的关系，并在金融发展理论的指导下也对金融体系相关理论做出一些研究。周立、王子明（2002）对我国各地区 1978~2000 年金融发展与经济增长的关系研究发现，两者之间关系密切相关[①]。米建国、李建伟（2002）在《金融发展与经济增长关系实证分析》一文中，运用新古典主义经济增长理论的基本分析方法，对金融发展与经济发展之间的适度关系进行了论证，并提出了金融适度发展的观点[②]。孔凡保（2003）在《公司治理结构与金融体系的演进》一文中，从公司治理结构的角度探讨了金融体系的演进过程，并认为，一国金融结构体系分为银行占主导地位的时期、以市场为导向的时期和现代证券化时期三个阶段。一国政府在金融体系的发展过程中所起的作用可以是决定性的。政府的积极行为可以加快区域金融体系的发展，消极行为则可以阻碍金融体系的发展甚至引发倒退。文章在评述已有研究的基础上，分析了公司治理结构和金融体系演进的关系，并且对中国金融体系模式的选择提出了建议[③]。

---

① 周立. 中国各地区金融发展与经济增长实证分析：1978~2000 [J]. 金融研究, 2002 (10)：1-13.

② 米建国, 李建伟. 我国金融发展与经济增长关系的理论思考与实证分析 [J]. 管理世界, 2002 (4)：23-36.

③ 孔凡保. 公司治理结构与金融体系的演进 [J]. 首都经济贸易大学学报, 2003 (3)：51-54.

肖华东（2004）从功能观点提出市场主导型金融体系和银行主导型金融体系各有优劣。作者通过对早期金融体系发展历程的考察，以及两种主要模式形成过程的分析，指出金融体系的形成和演进有其内在的逻辑性，认为法律环境、意识形态、制度惯性以及政府态度等因素决定了一个国家金融体系的形成和演进。在此基础上，作者回顾了我国金融体系20多年的改革历程，分析了我国金融体系改革呈现的主要特点以及还存在的主要缺陷。最后，作者从金融体系演进的内在逻辑性出发，认为市场主导型金融体系和银行主导型金融体系都不是最优的，相反，它们的综合体更优，它应该成为我国金融体系改革的方向[1]。韩正清（2005）认为，现代市场经济中金融体系居于核心地位而备受关注。我国金融体系正处于市场化方向演进的过程中，呈现出金融市场结构不合理、金融与财政相互交替、政府偏好配置金融资源等特征[2]。何国华（2006）在《发达国家金融体系的演变考》一文中，从金融体系对资源配置的作用角度分析，提出西方金融体系大体上可以分为以银行为主的金融体系和以证券基金为主的金融体系两种类型。作者认为，随着人类经济社会实践活动的不断发展，该地区的金融体系也随之发生改变。一般意义上讲，不同的经济发展阶段，有与之相适应的金融体系。一个地区金融体系是在政府行为、法律环境、意识取向和文化习俗等几个重要因素的相互作用下形成和演进而来[3]。邵颖（2008）在其硕士毕业论文《金融体系演进的内因与逻辑分析》中，以发达国家金融体系为研究蓝本，分析了西方金融体系的形成和发展规律，作者认为，金融体系前期主要以中介主导型为主，经过市场经济的不断向前推进和深入，金融体系逐渐由中介型向市场主导型转变，单纯的中介功能渐近弱化，多元化的服务体系逐渐形成。作者在文章中提出，实体经济发展模式的变化，客观上对金融服务体系提出新的诉求，为了适应经济的发展，金融体系由过去单一化向多元化、复杂化方向发展，金融服务功能也随着金融体系结构的变动而发生变化，当金融功能与现实经济达到合理协调状态时，金融机构对实体经济的促进作用达到最优水平[4]。

横向来看，欧美发达国家的金融机构大体相同，体系功能结构类似，但由于经济发展水平、制度文化、历史差异等原因，在一定程度上导致各国金融体

---

[1] 肖华东. 金融体系演进的内在逻辑与我国金融体系改革的方向 [D]. 武汉大学硕士学位论文，2004.
[2] 韩正清. 我国金融体系演进分析 [J]. 重庆工学院学报，2005（2）：61–65.
[3] 何国华. 发达国家金融体系的演变考 [J]. 广东金融学院学报，2006（9）：14–19.
[4] 邵颖. 金融体系演进的内因与逻辑分析 [D]. 南京师范大学硕士学位论文，2008.

系实现各种功能的方式和运作模式略有差异。实体经济对金融机构的需求推动了金融工具的发展，现代技术为金融机构提供风险管理、扩大融资规模提供了技术保障，但是，金融工具的层出不穷又带来了新的金融风险，政府相关部门为防范风险，必然会推出新的制度措施来控制风险，进而为金融制度的创新提供了现实基础。从金融体系的演进逻辑中，我们可以看出，金融中介和金融市场在制度与功能上实现了优势互补，进而形成了金融业的发展壮大。作者在文章中也从法律、政治、文化、习俗等非经济角度，解释各国金融体系发展的不同原因。最后，作者简单回顾了我国金融体系的发展历程，分析了我国金融体系存在的功能性缺陷，并在此基础上提出了我国金融体系未来发展的目标与改革对策。

吴湧超（2010）通过对 1981~2009 年的季度数据考察，研究了经济发展中的宏观效率问题，认为金融发展对经济发展有一定的积极影响，但效果有限，中国金融发展与经济发展关系更符合需求伴随假说[①]。杨凤华（2012）提出，只有在社会经济水平发展到一定程度才会对某些金融功能产生需求，如果金融发展脱离实体经济发展的需求，则会对经济的发展起到阻碍作用[②]。豆雯雯（2012）通过对金融发展理论的研究，系统而有条理地梳理了金融发展理论的内容，分析了在不同的条件下，各个理论内容的实施效果，并且在此基础上对它们进行了相互比较，得出了在不同的时期和条件下，应结合实施不同的金融理论。在此基础上对我国金融体系改革的历程进行了回顾，同时总结了我国金融体系改革的缺陷并提出了相应的建议。最后，利用一定计量模型进行了实证分析与检验，并且为我国金融体系改革的建议提供有力的依据[③]。邓晓霞（2010）在《中印农村金融体系比较——基于中印农村经济与金融体系框架分析》一文中，采用对比分析法，对中印两国的农村金融结构体系进行了对比分析。作者认为，中印两国在经济发展上，基本处于相同阶段，在文化习俗上具有一定的相似性，为此，两国金融体系的对比具有可行性。作者详细论述了印度在构建农村金融体系上的经验和思路，结合中国农村当前经济发展的阶段性特征，根据农村金融发展的实际需求，提出构建我国经济新常态下，农村金融体系构建和发展的建议，探索一条信贷资源向农村转移的畅通

---

① 吴湧超. 经济发展中的宏观金融效率问题——基于 1981~2009 年季度数据的考察 [J]. 财经理论与实践（双月刊），2010（9）：1-7.

② 杨凤华. 经济发展与金融发展相互作用关系的一般分析 [J]. 南通大学学报（社会科学版），2012（1）：113-120.

③ 豆雯雯. 金融发展理论与我国金融体系改革实践 [D]. 西南财经大学硕士学位论文，2012.

渠道，从而发展农村经济，提升中国农村市场的消费需求，促进中国经济可持续发展①。

温辉和杨建清（2011）在《我国金融体系功能演进与经济增长》一文中提出，在我国由隐性税收机制向显性税收机制转变后，总体上，我国的金融体系结构也由传统的财政投资模式向动员性扩张型金融发展模式转变，为我国现代化经济的发展提供了有力支撑。然而，随着竞争主体的不断增多，市场约束机制的相应变化，金融机构的经营成本不断增加，在金融支持政策的大环境下，金融主体的收益呈现出逐渐收窄的趋势。为此，深化中国金融体制改革，提高金融体系的资本配置效率，促进技术进步和生产效率的改进，成为当前金融改革的重要方向。同时，通过发展消费信贷和商业保险，减少信贷约束和不确定性，推动消费型经济的增长，成为当前金融改革的外部发展环境②。冯灵芝（2012）在其文章《农村金融体系改革现状及问题分析》一文中，以山东省为研究对象，对我国农村金融体系从整体角度进行了深入剖析。首先，对农村金融体系的概念进行了界定，并就我国农村金融体系改革过程进行了划分，对我国农村金融体系目前主要存在的问题进行了深入探讨；其次，对我国农村金融发展的驱动力定量和定性分析；最后，在借鉴国外农村金融的发展经验，提出适合我国农村实际情况的改革建议。③

（三）对国内外相关研究文献的评述

综上所述，国内外关于金融发展方面的研究成果已经比较多，相关研究成果为本书研究提供了理论基础。但是，已有的研究成果极少考虑到造血式金融体系的构建问题。尤其是我国金融体系长期以来"输血"功能不足、"造血"功能不够已经是不争的事实，加强金融体系的造血功能，可以为人民群众的生产生活提供极大的便利。近些年来，我国各地出现了一些民间金融机构以及金融产品，这些都为生产生活提供了一定的便利。因此，有必要对造血式金融体系进行深入研究。本书考虑到金融体系的造血、输血等功能，系统、全面以及深入地对造血式金融体系进行研究，也是对现有研究成果的补充与完善。

---

① 邓晓霞．中印农村金融体系比较——基于中印农村经济与金融体系框架下的分析［D］．西南财经大学博士学位论文，2010．
② 温辉，杨建清．我国金融体系功能的演进与经济增长［J］．经济纵横，2011（3）：91-94．
③ 冯灵芝．农村金融体系改革现状及问题分析——以山东省为例［D］．山东大学硕士学位论文，2012．

三、研究理论意义与实际意义

（一）研究理论意义

近些年来，随着我国金融体系改革进程不断加快，对金融体系相关理论的研究也有逐年增加的趋势，本书分析金融体系的概念与构成，阐述金融体系的功能，在此基础上进一步分析我国金融体系的构成及功能。本书阐述了国外金融体系的形成与演进，分析金融体系形成和演进的内在根源，研究我国金融体系演进历程。通过这些理论研究为构建"造血式金融体系"提供理论依据，也是对现有研究成果的补充与完善。因此，本书研究具有重大的理论意义。

（二）研究实际意义

从现实角度出发，中国是一个处于由计划经济向社会主义市场经济转型时期的国家，目前的金融体系与传统的金融体系相比已经发生了明显的变化，但是，中国金融体系和西方发达国家金融体系相比还比较落后。日常生活中个人以及企业经常遇到一些涉及金融方面的困难，比如，不少中小型企业融资困难；缺少抵押物品的居民获得贷款也有相当难度；由于银行较低的存款利息率导致负利率的产生；等等。本书通过对造血式金融体系的构建问题的研究，从金融机构以及金融工具寻找突破口，从而为造血式金融体系的构建提供理论依据，有利于发挥金融体系对国民经济的促进作用。因此，本书研究具有重大的现实意义。

四、研究方法与研究思路

（一）研究方法

1. 规范研究方法。本书运用规范研究方法，采用一定的判别标准，结合我国金融体系改革现状，分析我国金融体系改革存在的问题，在此基础上提出通过加快我国金融体系改革，从而构建造血式金融体系的对策措施。

2. 比较分析法。本书采用比较分析法对世界几个典型资本主义国家金融体系的形成与演进、特点及借鉴进行了比较分析研究，通过比较分析有助于本书造血式金融体系的构建。

3. 文献分析方法。通过搜集、鉴别和整理相关文献资料，并通过对这些文献资料的研究形成对本书研究对象的科学认识，从而确定研究目标和研究思路，在此基础上，结合国内外诸多学者的研究方法，开展本书的研究，在研究过程中有所创新。

4. 野外调研的方法。对于研究过程中所需要的数据资料等，一方面可以从统计年鉴等官方渠道查找；另一方面可以组织人员到一些金融机构（比如银行、基金公司等）调研，考察这些实体组织的金融工具，以尽可能地获取第一手数据资料，从而有助于进一步的研究。

（二）研究思路

本书的研究思路是：第一，对国内外相关研究做出综述，提出问题，形成导论部分；第二，通过历年《中国统计年鉴》、中国人民银行网站以及其他途径采集所需要的数据，为本书的研究提供数据支持，并对数据进行分析和整理；第三，分析金融体系的功能与构成以及金融体系的形成与演进；第四，分析几个典型吸血式金融体系个案及其危害性；第五，研究金融体系对我国区域金融发展水平的促进作用；第六，介绍我国金融体系创新的现状与特点，分析我国金融体系创新的 SWOT 等；第七，分析世界几个典型资本主义国家金融体系的特点及对我国借鉴之处；第八，提出造血式金融体系构建路径。

第二章

金融体系的构成和功能

一、金融体系的概念与构成

（一）金融体系的概念

金融，一般指资金的融通。那么，凡是涉及与资金流通和信用有关的各种活动都属于金融的范畴。金融体系（financial system）就是实现一个国家资金融通所依托的架构。从一般性意义上看，金融体系是一个经济体中资金流动的基本框架，它是资金流动的工具（金融资产）、市场参与者（中介机构）和交易方式（市场）等各金融要素构成的综合体。同时，由于金融活动具有很强的外部性，在一定程度上可以认为是准公共产品，政府的活动必不可少，因此，政府的管制框架也是金融体系中一个密不可分的组成部分。

（二）金融体系的构成

金融体系，一般包括金融市场、金融中介和金融工具三个部分。判断不同国家的金融体系的结构差异时，主要从该国或地区的金融市场、金融中介和金融工具的相对重要性以及发达程度来入手。为此，本书论述中所提及的金融体系主要指金融市场、金融中介、金融工具三者的结构配比和各自的发展状态。

金融市场主要面对直接融资，指资金需求者直接从资金供给者中获得资本，比较典型的直接融资渠道包括股票市场和债券市场。金融中介主要针对的是间接融资，资金需求者通过银行等金融中介间接从资金供给者手中获得资本，资金供需者之间并不直接接触，而是通过金融中介进行资金的流动。

相比间接融资，直接融资具有资金供需者可以相互见面、中间费用较少等优点，但由于资金供给者并不是专业经营货币资本的单位，信息不对称问题可能较为严重，为此，难以规避在融资过程中出现的比如"道德风险"①和"逆向选择"②等风险。为了解决信息不对称的问题，作为资金融通的中间人，专业的经营货币资本的中介——银行应运而生。银行作为专业的金融中介机构，收集信息的能力相比非专业机构较强，进而可以有效降低信息不对称的风险问题，实现资金的有效分配。降低信息成本和交易成本成为金融市场和金融中介走上历史舞台的诱因。金融市场和金融中介的出现利用专业分工和规模效益的优势极大降低了交易和获取信息的成本，最大限度地化解了交易过程中出现的各种风险。不同类型的信息成本和交易成本导致了不同类型的金融契约、金融市场和金融中介。

尽管金融市场和金融中介在金融体系中占有重要位置，但复杂的金融体系除两者之外还包括其他元素，比如金融工具。由于资金供给和需求相互脱节，适合不同资金供给者不同投资需求的金融工具随之产生。金融工具成为资本供需双方实现理想交易的具体化工具，资本的融通凭此可以实现，为此，金融工具成为金融体系中不可或缺的一部分。不难看出，金融工具对金融业乃至现代实体经济的发展具有两面性，它既能满足不同资金供给者（即投资者）的需求，从而促进资本市场的效率配置，又能在监管不到位的情况下引发金融市场和金融中介的连锁反应，从而使整个金融市场面临崩溃。

历次发生的金融危机让人们不得不重新思考金融监管的问题。的确，在一个有效的金融体系中，市场力量的运转往往由于市场失灵而导致危机，过度相信市场的力量、放松对金融创新的监管是历次金融危机发生的重要原因之一。最为明显的莫过于2008年发生在美国的次贷危机，这次金融危机就是源于过度创新的金融工具没有被明显已经落后的监管部门有效地进行监管所致。政府对金融活动的调控也是必不可少的，离开政府的调控，金融活动就变得毫无秩序。此外，金融环境对金融活动也至关重要。因此，在金融体系中应当将监管、金融调控与金融环境纳入分析框架。

综上所述，金融体系是由金融市场和金融中介作为融资的载体、由金融工具作为融资的媒介、金融环境作为保障、政府提供监管与调控相互作用的体系。在整个金融体系中，金融市场和金融中介是区分不同国别金融体系的重要

---

① 道德风险（moral hazard）又称败德行为，指交易双方在签订交易契约之后占据信息优势的一方在使自身利益最大化的同时损害了另一方的利益，却并不承担由此造成的后果的行为。也可以定义为，人们享有自己行为的收益，而将成本转嫁给别人，从而造成他人损失的可能性。

② 逆向选择（adverse selection）是指交易的一方由于能够拥有比另一方更多的商品信息，因而可以获得更多的利益，所以希望与对方签订合同，是信息不对称造成市场资源配置扭曲的现象。

外在特征，金融工具是连接供需双方的纽带，而政府监管与调控以及金融环境是防范市场失灵、保证金融行业健康发展的坚实保障。因此，金融体系包括金融调控体系、金融企业体系（也称金融中介体系、金融机构体系、金融组织体系）、金融监管体系、金融市场体系、金融环境体系、金融工具体系（也称金融产品体系）六个方面。

1. 金融调控体系。金融调控体系是国家宏观经济调控体系的重要分支，也是国家金融宏观调控的重要机制。前者包括货币政策与财政政策制定和实施、国家货币币值的稳定和总量平衡等；后者包括利率市场化、汇率自由浮动、资本项目的自由流动、清算系统的完善、金融市场（货币、资本、保险、证券、股票）的健全和发展等。

2. 金融中介体系。金融中介体系主要以金融企业的形式出现，例如商业银行、证券公司、保险公司、信托投资公司等，也包括国有商业银行上市、政策性银行、金融资产管理公司、发展各种所有制金融企业、农村信用社等。

3. 金融监管体系。金融监管体系主要包括对金融风险的监控，建立和完善预警和处置机制，对即将破产倒闭企业实行市场退出制度，加强对上市公司的监管，增加必要信息的透明度，把握监管与金融创新两者的力度，建立监管协调机制等体系。

4. 金融市场体系。金融市场体系包括融资规模的扩大、多层次的市场化资本融资体系、合理的资本市场结构等。金融市场体系是一个复杂系统，构建合理有效的金融市场体系，需要不断创新资本市场产品，进一步推进风险投资和创业板市场的建设，构建多元化的投资主体，建立健全交易、登记和结算体系，推进行业发展标准和相应的法律法规，实现金融市场体系的规模化、配套化、整体化发展。

5. 金融环境体系。金融环境体系包括建立健全现代产权制度、完善公司法人治理结构、建设全国统一市场、建立健全社会信用体系、转变政府经济管理职能、深化投资体制改革。

6. 金融工具体系。金融工具体系是金融市场上可以交易的金融资产，主要包括商业票据、股票、债券、外汇、保单、期货等。绝大多数的金融工具是在金融市场可以买卖的产品，也称为金融产品。

（三）银行主导型金融体系和市场主导型金融体系

不同国家或地区的经济发展阶段和模式各有差异，与此相配套的金融体系也会有所不同，为此，用单一的标准或模式来评述世界各国存在着的多种金融体制的优劣则有失科学性。以往的研究发现，发达国家金融体系之间的显著区别在于金融市场和金融中介两者在金融体系中的相对比重。在欧洲大陆国家，其金融体系主要以银行为主；而北美地区国家，比如美国、加拿大等，则以资本市场为金融体系的主要构成①。其中，美国的市场主导型金融体系和德国的银行主导型金融体系一直以来是学术界研究的两种金融体系中最为典型的两个案例。数据表明，美国银行资产占 GDP 的比重不到 50%，仅为德国的 1/3。但是，美国的股票市值占到 GDP 比重的 80% 以上，是德国这一比重的 4 倍。美国金融市场对经济的作用力要远大于银行业直接融资对经济的影响力。德国与美国不同，几家大型银行机构的放贷多少直接影响到该国经济发展的快慢，而企业从金融市场，通过股票、债券等模式进行融资，实现企业发展的做法在德国相对较少，所以金融市场在德国所起的作用也相对有限。在这两个极端之间还有一些处于中间位置的国家和地区，比如日本、法国、新加坡和中国台湾地区等，传统上这些国家和地区是以银行为主的金融体系，但是，由于这些国家以资本主义市场经济为主，资本市场也十分完善，企业同样能够很便捷地通过证券市场实现融资。总体上看，由于各个国家经济发展的程度、阶段、模式不同，各国的法律环境、文化习俗、历史渊源各有不同，企业融资方式的选择偏好各有差异，进而导致了不同国家的金融体系有所差异。

相比起来，两种类型的金融体系各有自己的优缺点。银行主导型金融体系的优势体现在收集公司内部信息、平摊风险、短时期内聚集大量资金等方面。缺点体现在：第一，抽取信息租金以及长期与银行保持紧密关系的企业的做法妨碍了企业之间的竞争和创新；第二，难以防止银行与企业串谋，这会给其他信贷者带来损害。市场主导型金融体制的优势则体现在：第一，金融资源配置方式灵活多变，可以有解决大中小各类企业的融资需求，进而实现资源的合理高效配置；第二，各种股权激励机制的施行，通过股权的市场化交易实现公司之间兼并重组，进而提高企业的综合素质和企业内部的管理效率，在满足资本融资的前提下，丰富了公司的管理手段。缺点体现在：不少国家证券市场缺少有效管理，在经济衰退或者经济出现较大波动期间，往往使投资者的利益受到极大损失。

---

① 在金融发展理论中，根据银行和资本市场在金融体系中的相对重要性，将金融体系划分为银行主导型金融体系和市场主导型金融体系。

二、金融体系的功能

国际上著名的金融学专家罗伯特·默顿对金融体系研究具有相当大的影响力，他认为金融体系在一般情况下具有六大基本功能：第一，支付清算功能，为人类商品、劳务和资产交易提供专业化及便利化的支付和清算手段，极大拓宽了人类经济活动的空间范围和交易内容；第二，回笼资金和促进投资功能，即通过畅通便利投资渠道，集聚社会闲置资金并在市场利用的导向下流向需要资金的企业，进而促进经济的发展；第三，扩大资源配置时空范围，即完善的金融体系为资源在更大范围内实现资源配置提供可能，整体上提升了资源配置的综合效率；第四，风险管控功能，即金融体系可以有效化解系统风险，准确快速应付不测并对风险管理提供专业有效的手段；第五，信息服务功能，由于金融机构可以深入全面地了解企业信息服务，为此，金融体系可以通过各项经济指标全面地感知经济发展的好与坏，进而为各类不同经济部门和组织结构提供决策上的便利；第六，解决激励问题，各类金融工具不仅为企业融资提供了便利，也为企业内部管理提供了有效的工具，有效化解了金融体系在金融交易双方之间存在的信息不对称及委托代理行为中的风险。

（一）支付清算功能

金融体系为人类商品、劳务和资产交易提供专业化、便利化的支付和清算手段，极大拓宽了人类经济活动的空间范围和交易内容。随着人类活动范围的扩大和交易次数不断增加，安全、可靠、快速、有效的交易和支付系统成为一个金融体系优劣的重要评定标准。金融系统越是发达，则越能降低社会经济交易成本，进而提高社会生产效率和技术进步，促进社会经济的发展。传统和现代的金融体系都可以满足这种基本需求，在某种程度上，不同的金融工具在功能上可以实现相互替代。总体而言，经济发展对金融体系提出新的要求，良好的金融体系可以促进经济快速向前发展，两者相伴而生，相互促进。

（二）回笼资金和促进投资功能

金融体系之所以具有回笼资金和促进投资的功能，主要是因为：第一，它凭借着良好的信誉和具有诱惑力的利息，在利益的驱动下，使民众把闲置资金存放在相应的金融机构，这样金融机构就可以有效回笼资金，把社会上的闲散资金集聚起来，形成规模资本，并把它以更高的利息贷给急需资金的企业，引导企业的社会生产，促进资源的合理配置。这就使初始投入的有效技术得以迅速转化为生产力。获得资本的企业，可以扩大生产规模，提高生产技术，降低生产成本，进而获得比利息更高的资本回报率，实现资本的良性循环利用，实现经济的持续发展。金融中介机构之所以能够动员储蓄，除了利率高之外，主要在于它可以分散个别投资项目的风险，发挥整体的规模效应。第二，提供流动性手段。金融系统可以使资本实现高速流动，资本流动越快，需要的基础货币越少，同时为投资大、周期长的项目提供了充足的资金，为市场主体投资解决了融资难的问题，保证了企业可以大幅度、无顾虑地解决技术升级问题。

（三）股权细化功能

在现实经济中，由于部分投资项目的金额过大，对中小投资者来说只能望洋兴叹。而如果让少数投资人将大量资本投资于个别项目，或者由于风险太大，或者由于大量资本被困于一个项目，且短期内无法实现回笼，进而导致资金链的紧张，致使部分项目无法实施。通过金融体系则可以将大型投资项目划分为小额股份，方便中小投资者能够参与该项目的投资。通过股权细化功能，实现积少成多，一方面，增加了投资主体，实现了风险共担；另一方面，可以最大限度地盘活各种资本。同时，通过股权主体的变更，为公司项目的管控提供了更为有效可行的手段。金融系统的股权细化功能在于提供一种新的机制，就是通过外部放款人的作用对公司进行严格的监督，从而使内部投资人的利益得以保护。

（四）为投资者提供服务功能

资本是经济发展的必要条件。资本的多寡和流向取决于投资效率，事实上就是资源配置效率和技术生产水平。但是，由于项目信息不完全、经营者实际能力不可知等因素，增加了投资风险，而探知这些信息成本太大，对于单个投资者来讲，未必是一个理性行为，为此，需要建立一个专业的金融中介机构，对公司内部事物、对经理、对市场条件进行专业化评估。金融中介结构通过专业化服务，保证了信息的准确性、规模化经营，保证了具体操作中的成本优势，在为投资者提供专业可靠的中介服务的同时，实现自我利益的获得，在降低风险的同时，保证了社会生产。

（五）风险管理功能

金融体系可以有效化解系统风险，准确快速应付不测并对风险管理提供专业有效的手段和方法。风险管理和配置会增加企业和家庭的福利，当利率、汇率和商品价格的波动幅度较大时，会提高相应的潜在收益，当技术实现进步时，会降低企业之间的交易成本，为下一轮风险管理与控制提供可能。因此，风险管理和配置能力的发展使金融交易的融资风险负担得以分离，为企业与家庭个体提供可供选择的投资项目和愿意承担的风险。同时，健全的金融体系为中长期资本投资的风险进行交易和定价。由于存在信息不对称和交易成本，金融系统和金融机构的主要作用就是分散、转移交易风险。

（六）激励功能

金融创新可以有效缓解激励问题带来的社会成本增加问题。在经济运行中激励问题之所以存在，不仅是因为相互交往的经济个体的目标或利益不一致，而且是因为各经济个体的目标或利益的实现受到其他个体行为或其所掌握信息的影响。从某种意义上讲，当现代企业中所有权和控制权的分离，经济个体的利益不完全在主体控制之下时，就会产生激励问题。解决激励问题的方法会受到经济体内部和外部环境的影响，一般情况下，金融体系通过给经理人提供股票或者股票期权的办法解决激励问题。通过让企业的管理者以及员工持有股票或者股票期权实现企业的利益与员工利益的统一化，从而促使管理者和员工在实现自我利益最大化的同时提高企业收益，实现个体利益与企业利益统一化，从而解决了委托代理问题。

（七）信息提供功能

必要的信息是协调各个经济部门分散决策的重要条件，而金融体系就是一个最重要的信息来源。金融体系的信息提供功能意味着，在金融市场上，不仅投资者可以获取各种投资品种的价格以及影响这些价格的因素的信息，而且筹资者也能获取不同融资方式的成本信息，管理部门能够获取金融交易是否在正常进行、各种规则是否得到遵守的信息，从而使金融体系的不同参与者都能做出各自的决策。一般来说，金融市场上交易的金融工具越完善，从它们的价格中获得的信息就越多，也越有利于企业和家庭进行资源的合理配置。

三、我国金融体系结构及功能

（一）金融机构

目前，我国金融机构形成以中国人民银行为中央银行，政策性银行和商业性银行相分离，以工商银行、中国银行、建设银行、农业银行等四大国有商业银行为主体，多家股份制商业银行、外资银行以及券商、保险、基金、信托和农村、城市信用合作社等非银行金融机构并存的多层次现代化金融结构体系。

1. 中国人民银行。中国人民银行是在1948年12月1日由北海银行、西北农民银行和华北银行的基础上合并组成，并由共和国授权发行"人民币"。随着各分支机构在全国各地的普遍设立，中国人民银行成为全国集中统一的大银行。随着我国金融体制改革的不断推进，中国人民银行随即成为全国商业银行的领导机构，施行国家央行的职能，具体负责制定和执行货币政策，确保金融体系支付安全，维护金融稳定，加强外汇管理，发挥在宏观调控以及防范与化解金融风险的作用，以支持地方经济发展。中国人民银行与中国银行的主要区别为：中国人民银行是政府的银行、银行的银行、发行的银行，不办理具体存贷款业务。

2. 商业银行。国有控股银行主要包括中国工商银行、中国农业银行、中国银行、中国建设银行四大国有银行和以中国民生银行、华夏银行、中国光大银行、中信实业银行、交通银行为代表的股份制银行，以花旗银行、汇丰银行、渣打银行等为代表的外资银行和地方区域性银行等。

3. 政策性银行。政策银行主要指由政府出资建立，专门执行政府特定的经济、政治意图，不以盈利为目的的融资和信贷机构。目前，在我国的政策性银行具体包括国家开发银行、中国进出口银行和中国农业发展银行三家，由国务院领导，具体业务接受中国人民银行指导，分别对我国国家经济发展、为我国高新技术产品出口和农业发展提供长期信贷和其他资金支持。

4. 非银行金融机构。我国的非银行金融机构需要通过央行和证监会、银监会、保监会批准成立，主要包括证券公司、保险公司、担保公司、租赁公司、期货公司、公募基金、私募基金等其他非银行类金融机构，通过发行股票、债券、单证、票据等各类金融工具，在信用委托下，为符合要求的中小企业等资金需求方快速、有效提供资金，实现资金的融通。

中国金融机构体系如图2-1所示。

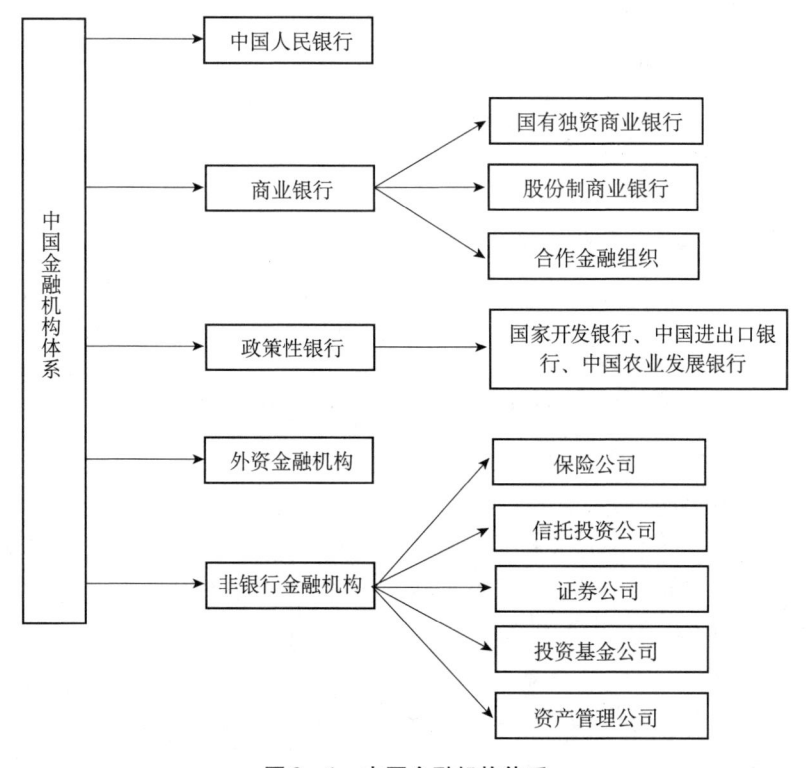

图 2-1　中国金融机构体系

（二）金融市场

金融市场已经发展成由银行间同业拆借市场、票据市场、外汇市场、股票市场、债券市场、期货市场、黄金市场等组成的比较完备的多层次金融市场体系。

1. 银行间同业拆借市场。银行间同业拆借市场主要指在中国人民银行组织下具有会员资格的金融机构。由于本银行内部存款准备金不足，资金链发生紧张时，需要向其他同类基础货币充足的银行实行按利拆借，以弥补本行内部短时间内的资金短缺问题。1996 年 1 月，全国银行间同业拆借市场正式运营，银行间同业拆借市场结构如图 2-2 所示。

2. 银行间债券市场。我国银行间债券市场成立于 1997 年 6 月，以中国外汇交易中心和中央国债登记结算公司为平台，以商业银行、股份银行、保险公司、证券公司等金融机构进行债券买卖和回购为主要业务的交易市场，其中，记账式国债的大部分、政策性金融债券都在该市场发行并上市交易。目前，银

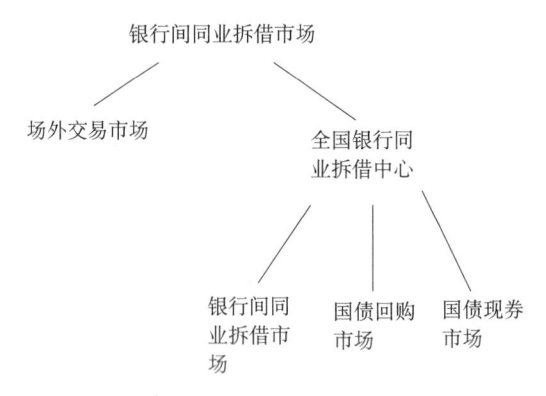

```
                    银行间同业拆借市场
                    /        \
          场外交易市场      全国银行同
                          业拆借中心
                          / |  \
                    银行间同  国债回购  国债现券
                    业拆借市    市场      市场
                       场
```

图 2-2　银行间同业拆借市场

行间债券市场已发展成为我国债券市场的主体部分。

3. 银行间外汇市场。1994 年 4 月，我国银行间外汇市场即外汇交易系统经国家外汇管理局批准正式启动，该市场主要以有获取经营外汇业务资格的境内金融机构为交易主体，以人民币与外币之间的交易为核心业务的市场平台。

4. 黄金市场。2002 年 10 月，随着上海黄金交易所的开业标志着中国黄金市场实现对外开放。黄金交易所主要从事黄金、白银、铂等贵金属的生产、冶炼、加工、批发、进出口贸易等业务的金融机构。目前我国黄金交易所会员单位共计 128 家，分散在全国 26 个省、市、自治区。交易方式通过交易所的集中竞价方式进行，采用价格优先、时间优先交易原则。非标准品种则通过询价等方式进行，自主报价、协商成交，通过现场或远程的方式进行交易。

（三）金融工具

金融工具就是资金需求方为获得资金支持而向公众或资金放贷方发行的各种书面凭证。为了保证资金的流动性，交易双方会将各自手中的各种票据等金融工具进行买卖，交易集中的地方就是金融市场。

改革开放前，我国基本没有金融产品，民众只能进行简单的储蓄；改革开放以后，随着市场经济的深入和新思想的引进，我国的金融产品逐渐由储蓄产品演进为储蓄、股票、债券、基金、保险、期货、贵金属等多种理财金融产品，而且在此基础上，不断创新改革，产生了适合不同民众需求的金融衍生理财品。根据时间长短，可以把它分为货币市场工具和资本市场工具。其中，货币市场金融工具包括 3 个月、6 个月或 12 个月短期国债，可转让定期存单、商业票据、回购协议、银行承兑汇票等。资本市场金融工具包括股票、债券等，其中债券又分为政府债券、金融债券、公司债券等。一般意义上的金融衍生工具是一种合约，它的价值取决于作为合约标的物的某一金融工具、指数或其他投资工具的变动状况，比如远期合约、期货合约、期权合约、认股权证、互换协议及可转换证券等。将原产品与衍生产品相结合，则会产生新的现金流和具有新风险的金融工具，比如证券化产品、信用联动型票据等，这类金融产品又称为结构性金融产品工具。

（四）融资体系结构

经过多年的发展，我国逐渐形成了主要以银行金融机构的间接融资为主、以直接融资为辅的多元化融资体系结构。

1. 直接融资。

（1）直接融资的内涵。资金需求方在证券市场直接向资金供给方开出具有某种法律效应的凭证，比如债券或者股票等，以实现资金的借贷。资金供给方凭借手中的金融票据或凭证在期限到达之日，向资金需求方索取本金和相应的利息，或者也可以将凭证出售给第三方，以便在资本未到期时，提前回笼资金。

（2）直接融资的特点。资金的供需双方直接取得联系，彼此根据自身条件就融资期限、规模、利率等方面做出符合双方利益的决定，灵活性较强，有利于筹措长期资金，提高了资金的使用效率，同时避免了商业银行等中介机构，降低了供需双方的融资成本，对资金的供需双方都是较为理想的结果。

（3）直接融资的不足。要求盈余单位具备一定的专业知识和技能，要求盈余单位承担较高的风险，对于短缺单位来说，直接融资市场的门槛比较高。直接融资信息通过价格信号间接供给，信息是否充分和准确取决于市场完善程度。可见，直接融资市场只是政府和一些大企业的专利，中小企业和个人消费者很难涉足。

2. 间接融资。

（1）间接融资的内涵。资金盈余方将闲置资金交给以银行为代表的第三方，并获取相应的利息，同时，由商业银行将汇集起来资金以更高的资金贷给资金的需求方，从而实现资金的流动。

（2）间接融资的特点。由于金融中介机构拥有专业人才、技术和经验，进而可以快速、准确、有效地为资金的供需双方达成交易意向，能够广泛动员社会资金，甚至还可以调动国外资金，实现资本的流通，并确保将风险降到最低。

（3）间接融资的不足。相比直接融资，间接融资由于有中介机构的存在，增加了资本流通交易的成本，降低了资金的使用效率。

（五）金融调控

中国人民银行专门行使负责制定和实施货币政策以及对金融业实施监督管理和宏观调控的职能。1993年，国务院颁布《关于金融体制改革的决定》，公开市场操作、法定准备金率、再贴现率等间接调控方式开始取代信贷规模等直接调控方式，成为中国人民银行的主要调控手段。

（六）金融监管

改革开放以前我国实施的是中国人民银行"大一统"的金融体制，改革开放以后由中国人民银行、银监会、证监会和保监会组成的"一行三会"的金融监管体制格局逐步形成。

1. 银监会。我国银监会是隶属于国务院领导的事业单位，主要负责对我国各类银行、金融资产公司、信托公司、投资公司等存款类金融机构进行监管，确保我国金融行业健康发展。银监会在我国31个省市区和5个计划单列市设有36家分支机构。主要从事相关行业规章制度的制定，审批全国银行业等金融机构的建立或退出，对全国各类金融机构进行依法监管，制定金融业相关统计数据、报表等，并同我国财政部、央行等机构就相关事宜提出相应的政策。

2. 证监会。我国证监会是隶属于国务院领导的事业单位，主要负责对我国证券期货市场秩序、经营等事宜的监管，保障我国证券金融行业的健康发展。证监会在我国31个省市区和5个计划单列市共设有36家分支机构。我国证监会的主要职能有建立统一可行的行业监管体系，依法对相应的证券金融机构进行监督管理，加强对行业内部风险的防范和化解，拟定关于证券行业发展的法律法规草案和出台相关的政策方针以及相应的发展规划。

3. 保监会。我国保监会是隶属于国务院领导的事业单位，在我国各省、直辖市、自治区、计划单列市设有35个分支机构。保监会的成立，标志着我国金融行业分业监管体制形成，实现了宏观调控和微观监管的分离。保监会主要对我国保险金融行业实行依法监管工作，具体职责有拟定该行业的发展战略和规划，对我国各类保险公司建立和退出进行相应的审批工作，制定行业从业人员的从业标准，对行业高级管理人员的任职资格进行认定和审查工作，对保险金融机构的各类业务进行监督和管理工作，建立行业的风险管控机制，确保我国保险行业的健康发展。

四、金融体系必备的能力

金融体系必备的能力主要有以下九个方面。

（一）稳定能力

一个稳定的金融系统才具有竞争力，才能应对各种潜在威胁，才能化解金融风险，才能保障金融安全，才能保持货币稳定，并且才能具备没有过度通货膨胀或通缩、才能具备没有过度扭曲性融资安排和过度金融泡沫等特征。因此，金融体系应该具备稳定能力。金融体系不稳定会带来非常严重的后果。比如，定价体系紊乱无序，无法反映真实经济内部产品的供需状况，会给实体市场带来波动，阻碍正常的社会生产和降低人民日常生活水平等，不稳定的金融体系使人们产生不确定的预期，极易导致具有巨大破坏力的集体行动，对正常的经济活动产生强大的冲击力。因此，金融保持自身的稳定对整体经济的稳定意义重大。要确保金融体系的稳定运行，这就要求定价系统能够正常反映币值、利率、汇率、股价等指标的变动情况；要求危机预警指标体系要灵敏快速，并且能准确而快速地识别、转移、控制、分散风险；要求面对各种突发事件，要能迅速化解风险、解除危机；要求建立对金融体系进行宏观监管的机构、监管规则和监管手段。

（二）适应能力

金融体系是在特定的经济环境中实现其各项功能的，金融体系必须适应其赖以存在的经济环境，同时，经济环境处在不断的变化之中，金融体系也必须同步变化，即应该具备适应能力和创新能力。金融体系的适应能力即一国的金融发展应该放在强调金融体系基本功能正常发挥的制度建设和协调发展上，而不是脱离金融体系的基本功能去看重市场外部结构的发展和规模的扩充上，否则，忽视金融功能而谈金融发展就有可能造成金融资源的严重浪费和扭曲。另外，值得指出的是，金融体系的活动存在外部性，偏重某一金融功能的发挥，有时可能会放大它的负面效应。比如，为了提高金融体系的价格发现功能，市场的整合与利率和汇率的市场化是必要的，但是，这些做法会增加市场风险。如果金融体系的风险防范和分散功能还不到位，那么这种不平衡的发展就会导致宏观经济的不稳定，最终会反过来遏制金融体系价格发现功能的正常发挥。要保证金融发展与实体经济之间实现良性互动，不仅要从规模和数量上实现合理搭配，更应该平衡各种利益冲突，并在此基础上发挥金融体系的基本职能，从而保证实体经济良好发展。

（三）经营能力

金融机构配置资源、获取利润的能力被称为金融机构的经营能力。金融体系必须通过自身的经营活动实现其各项功能，除了初期必需的投入以外，它不能依赖于政府或任何个人的连续不断的资金投入，这样的金融体系才能够长期存在并不断发展，即金融体系必须具有经营能力。

（四）配置能力

现代经济的发展客观上要求更大范围内实现资源配置，为此，对与之相匹配的金融体系提出相应的要求。金融体系需要为经济主体提供相应的融资渠道和股权细化功能，并能够对相应的资产进行合理定价，通过市场交易平台，实现资产的最优配置。

可以引用金融体系资源配置效率的概念，以理解金融体系资源配置能力。金融体系的资源配置效率主要指供需双方的交易成本与资金需求者获得资本的比值，比值越小，金融资源配置效率越大，配置能力越强。换言之，金融体系资源配置能力是如何将有限的金融资源配置到生产效率高的企业或行业的行为能力。金融机构之所以能够将资源进行最合理的配置，关键在于其自身获取信息的优势。在以银行业为主导的金融体制国家中，银行业的繁荣与企业成败息息相关，尤其是日本、韩国等国，银行界与企业间的信息流通起到至关重要的作用。在这些国家，银行可以利用已获取的信息做出全面理性分析，从众多项目中选择理想项目，并对其投资进行有效监督，从而保证了资金的配置效率。

除此之外，还可以以其他方式实现资金的配置效率，比如通过合同安排来降低资金使用效率；通过提高企业原始资金比例、增加抵押、担保等减少由逆向选择和道德风险所引起的资金配置低效率问题。

（五）传导能力

金融体系是国家进行宏观调控、传导政策意图的重要途径，金融体系是否畅通，是否具备良好的传导能力，关系到一个国家和地区的财政政策或货币政策是否畅通。由于它同时与多个经济部门关系紧密，金融体系成为政府影响实体经济部门、促进经济增长的重要渠道。政策措施通过金融体系的传导一般需要经过以下三个层次：第一层次是货币政策对金融体系影响的传导链；第二层次是金融体系对实体经济部门影响的传导链；第三层次是实体经济的各部门对经济增长的贡献链。

（六）流动能力

金融体系的流动性主要指金融资产可以在多个个体之间实现无阻碍流动，从而实现资金的回流。资源充分流动是经济发展的必要条件之一，只有将闲置状态的资源流入生产环节，资源才能实现其价值，资源的使用效率才能提高。金融体系的流动能力具有两个方面的含义：一是它将固定的、不流动的资产变现为流动资产的能力；二是流动性资产在不同投资者之间流转的能力。只有实现闲置资源被充分利用，同时全部满足资金需求方的需求，且资源的边际价值达到最大化时，才能达到资源配置的最佳状态。

（七）定价能力

金融市场遵循等价交换的原则，在金融交易中，产品价格包括金融内在价值和风险价值两个部分。一般情况下，金融产品的价格通过较为公开的竞价方式形成统一的市场价格。通过市场价格的变动，实现对现实中资源的合理配置。因此，金融体系对金融资产准确定价是实现资源合理配置前提。金融体系对金融资产准确定价也能够反映出金融产品的风险价值，能够有效预防金融风险的产生，因此，金融体系对金融资产准确定价也大大降低了金融风险的产生概率。

（八）创新能力

金融体系是在特定的经济环境中存在并发挥作用的，没有也不可能存在能够脱离经济环境而独立存在的金融体系。在金融体系的稳定中实现变动，由于现实经济的发展，根本在于技术的革新，技术的升级改变了产品的存在状态，也改变了人类的思维方式，进而改变了人类的行为方式。连接实体经济发展的纽带——金融，也只有具备创新能力，才能满足人类社会的发展。需求的变动成为金融实体经济发展的源动力，技术的革新成为创新的主要内容，具体表现在金融工具、交易方式等方面的变动。

（九）信息能力

金融体系之所以是连接实体经济各个主体、各个部门的纽带，关键在于其自身的信息传导能力，它对金融体系是至关重要的。金融机构监督企业具有先天优势，它与投资者对代理人进行监管相比，具有成本低、专业高等优势，为此，被各大公司所采用。因为股票市场上的交易价格是快速变动而且公开的，而作为有效市场，股票价格包含大量的公司信息。加上股票市场的信息披露，从而使得股票市场成为信息最完全传播最快的市场。虽然有大量的金融机构对企业采取了各种纷繁复杂的监管，但是，股票市场信息依旧是不完全的，进而为投机者提供了便于获取套利的机会。为此，金融体系的信息披露能力很大程度上决定了区域经济主体能否实现真正意义上的公平交易，能否实现区域经济资源的合理配置。

第三章

金融体系的形成与演进

金融体系是包括金融工具、金融机构、金融调控、金融市场、金融环境和政府监管在内的一个有机系统。20世纪中后期,世界各国的金融体系均发生了激烈的变动,由于各个国家所处的外部环境不同,发展阶段不同,致使各个国家的金融体系发生了不同方向的分化,但其内部变化规律又有着内在的统一性,成为政府部门和学术研究机构重要的课题。金融活动是人类社会经济活动发展到一定阶段的产物,货币的出现成为人类金融活动的重要标志。但是,只有当资本、信用、证券等金融工具出现,并随之出现了以这些金融工具作为载体的银行和金融市场的时候,金融体系才真正形成。最早的金融体系产生于美索不达米亚,随后在各个时期金融体系不断得到完善与发展,几个典型资本主义国家如美国、英国、德国、日本、法国等国金融体系的形成与演进的路径各不相同。金融体系形成和演进的内在根源主要有政府的态度、法律环境、意识形态和制度惯性等。改革开放前,我国金融体系是"大一统"计划金融体系;改革开放后,我国金融体系逐步得到改革与发展,并且我国金融体系改革具有鲜明的特征。

一、国外金融体系的形成与演进

(一) 早期金融体系

从经济发展的历史进程来看,先是由于经济的持续发展,经济发展又对金融提出了现实的需要,然后金融体系又不断地完善,最后促成了金融的发展。所以在经济与金融的相互作用关系中,经济对金融的发展起到了决定性作用。换言之,一国或地区的金融发展程度从根本上来讲,是由该经济体的发展水平决定的。

根据人类历史文献资料记载，最早的金融体系产生于美索不达米亚（Mesopotamia）。公元前 1800 年，著名的汉谟拉比法典（Hammurabi's Code）中就对早期的信用制度进行了较为详细的记载和描述。公元前 700 年到公元前 500 年，随着人类生产实践活动日渐成熟，货币逐渐出现，金融体系逐渐形成。人们使用金币和银币，货币兑换显得更为重要，货币借贷者向无节制挥霍的富人发放消费贷款，也贷款给穷人和那些暂时面临困难的小农场主。银行家接受存款、发放贷款，并在全国范围内转换货币。随着一国或地区的经济发展，该国或地区的金融功能不断扩大，金融资源日渐丰富，为了更加准确详细地分析金融与经济发展的关系，结合现代金融的特点，将金融功能细分为基础功能、核心功能、扩张功能和衍生功能四个方面，其中核心功能和扩张功能在现代经济的发展过程中充当主要角色。

在中世纪的西欧，为了方便商人在几个月举行一次的集市上进行国际贸易，发展了记录每个商人在集市期间发生的权益和负债的系统，集市结束时，集市的官员将确认权益和负债记录，只有净支付才结算货币。直到公元 13 世纪在意大利北部汇票的产生，这种初级阶段的金融体系才开始发生实质性的变化。货物的销售者可以把汇票卖给另外一个需要资金在汇票背书者家乡购买货物的人，以此来获得现金。汇票的出现可以说推动了现代意义上的银行的发展。银行机构的出现是在中世纪后期，在佛罗伦萨（Florence）、锡耶纳（Siena）、卢卡（Lucca）、威尼斯（Venice）和热那亚（Genoa）等地有了相当大规模的发展。在 14 世纪，佛罗伦萨、巴迪和佩鲁齐的银行发展到相当大的规模，它们为百年战争中英国一方融资，但当爱德华三世在 1384 年拒绝还债时，这些银行倒闭了。与此同时，海运保险、人寿保险、复式会计制度等也得到了发展[1]。一些政府借了大量债务，并且与这些债务相对的债务索取权之间可以转换，在有限的程度上，合伙企业和公司发行股票类工具，其中的一部分可以交易。这一阶段的金融系统与初期的金融系统相比，其特征为：金融工具更加多样化，包括了贸易信贷、抵押和政府及公司债券；金融机构已包括了早期类型的银行和保险公司；政府和公司债务的交易较为有限，发生在非正式的市场上。

从 15 世纪开始，由于战争造成的违约或者其他政治实践引起的金融危机，

---

[1] 邵颖. 金融体系演进的内因与逻辑分析——兼论我国金融体系改革 [D]. 南京师范大学硕士学位论文，2008：1 - 2.

导致金融中心相对重要性频繁变动。1521 年，法国的弗朗西斯一世没收了佛罗伦萨人在巴黎、里昂和波尔多的财产，并在 1529 年不支付佛罗伦萨银行家的债务，使佛罗伦萨失去了金融中心的地位。在接下来的一小段时期内，威尼斯成了金融中心，直到 1557 年，热那亚取代了威尼斯的金融地位。1620 年，意大利北部失去了贸易和银行主要中心的地位，阿姆斯特丹开始长时期占据金融主导地位，这一地位的取得得益于 1608 年阿姆斯特丹证券交易所和 1609 年阿姆斯特丹银行的创建，并且阿姆斯特丹银行的建立成为政府建立公共银行的范式。瑞典政府在 1668 年接管了创建于 1656 年的瑞典银行，成为首家中央银行，并开始发行纸币。直到 18 世纪初期，金融系统已经发展到了一个新阶段，在这一时期的金融体系中，金融市场更加正式化，政府通过机构，如中央银行，更多地涉足金融市场[①]。

根据金融结构体系理论，金融体系的发展实质是指金融结构的变化。随着一国或地区的经济发展，该国或地区的金融功能不断扩大，金融资源日渐丰富。基于经济组织运行方式和社会发展的形态，将经济发展分为原始经济、商品经济（市场经济）和计划经济三大阶段，以便从历史发展的角度来分析经济发展对金融发展所起的决定性作用。随着社会分工的出现，生产力水平逐渐提高，剩余物质也逐渐产生，由此交换剩余物质的需求产生。在此实践中，物物交换所要求的时间和空间的统一成为实现这一实践活动的主要矛盾，为此，一种衡量剩余物品价值的标准或满足交换的媒介应运而生，即货币由此产生了。与此同时，金融的基础功能也产生了。金融的基础功能诞生于原始社会，经历数千年的发展，在当今时代，依旧起着重要作用，金融的基础功能主要用来满足不同时空条件下物品交换的需要。可见，正是由于人类社会交换物品的需要，货币才会产生，并由此诱发了金融的服务和中介功能，两者成为金融的基础功能。

随着社会分工的进一步细化和生产力水平的不断提高，尤其是进入资本主义社会之后，物质财富大大丰富，整个社会由过去农业时代的小农经济转变为商品经济，社会扩大再生产成为需要，由此导致了投资和融资的产生。同时，科学技术水平的发展和基础设施建设的不断完善为金融功能的扩张提供了可能。因此，金融功能由过去单一的中介服务增加了更为主动的资源配置功能，以适应经济发展的需要。随着资本主义生产方式的确立，金融的资源配置功能

---

① 肖华东. 金融体系演变的内在逻辑与我国金融体系改革的方向 [D]. 武汉大学硕士学位论文，2004：15.

也成为核心功能被较为完整地体现出来。一方面，金融系统动员社会居民储蓄，从而广泛聚集社会闲散资金；另一方面，金融系统将筹集到的资金转向更有效率的社会建设项目中去。

社会资金的有效利用，促进了经济的持续发展，但随之而来的是市场失灵和不确定性这一新矛盾的出现。为了解决诸如此类的问题，社会经济对金融系统提出了新的要求，即合理化解其中存在的风险。这种现实的需要，倒逼金融系统功能再一次扩张，金融的调节功能和风险规避功能随之产生。如政府运用金融手段调节社会经济发展，企业通过发行股票、承兑票据、信用证等来规避风险等。

资本主义生产方式的特点决定了发达经济体对外扩张的必然趋势，所以实体经济全球化成为历史的必然，随着国际贸易频繁发生，金融交易的复杂程度和不可控性不断加大，信息不对称的问题日益突出，严重阻碍了经济的发展，在此背景之下，金融的衍生功能逐步显现。为了解决道德风险和逆向选择以及对未来不确定的风险，首先提出的是对风险管控，即通过金融中介来解决市场失灵的问题。同时为了把系统风险带来的损失降到最低，各种金融衍生品例如期货、期权、股指期货合约等金融衍生品也相继出现，在有效降低风险的同时可以稳定一国或地区经济平稳发展。

（二）几个典型资本主义国家金融体系的形成与演进

1. 英国金融体系的形成与演进。17 世纪中后期，英国资本主义市场经济得到进一步提升，海洋贸易迅速发展，货币交易日趋频繁，资本家扩大再生产的诉求逐渐显现，实体经济的迅速发展对金融服务的需求日益强烈。在市场交易实践活动中，逐渐产生了银行，英格兰银行于 1694 年诞生。当时，由于银行刚刚诞生，社会各界对这样一种金融机构的出现、发展持有各种不同的意见，在各方评论下，也对这一新事物提出了各种建议，比如降低市场利率、建立商业信用等，这些措施通过贸易的发展，逐渐推广到整个英格兰。英格兰银行在建立之初与政府有着千丝万缕的关系，英格兰银行的主营业务之一就是帮助英国政府对外举借外债，并协助政府销售国债，为当时英国政府对外战争筹措到了巨额的资金。事实上，它不同于欧洲其他国家相类似的银行，英格兰银行具有介于国家银行和私人银行之间的性质，它的发展离不开政府的支持，并在此基础上不断扩大资本、扩展信誉，逐渐垄断了英格兰的货币发行权利，逐渐具备了英格兰中央银行的角色。

随着金融业的不断发展，18 世纪初，股票逐渐进入英国社会，但起初发展并不顺利，最具代表性的"南海泡沫"事件，几乎令英国的金融体系崩溃。英格兰银行在金融行业的巨额垄断利润，引来其他资本家的垂涎，1711 年英国南海公司成立，并与英格兰银行在政府外汇和债券等业务上展开竞争，随着政府筹措资金的不断增多，逐渐在英国政府中充当了重要角色。1720 年，英国政府为了遏制由股票投资而产生的泡沫，出台了《泡沫法》，只有通过英国议会审议通过的公司才批准上市，并明确禁止上市公司从事非法的证券股票交易。《泡沫法》的出台，虽然防止了金融泡沫的产生和恶化，但也抑制了英国股份公司的发展，切断了英国本土公司资金融通的重要渠道，使得政府成为资本市场的唯一客户。

从历史上看，英国在 18 世纪到 19 世纪早期经历了多场战争，后续的资本支援成为战争胜利的关键因素之一。英法战争客观上带动了英国债券市场的发展，随着工业革命的兴起，公司如雨后春笋般不断涌现，公司对资金的需求也不断增强，英国政府根据实际情况，于 1824 年取消了《泡沫法》，极大促进了英国实体经济和国际贸易的发展，并使得伦敦在 19 世纪成为继阿姆斯特丹之后世界的金融中心。

2. 美国金融体系的形成与演进。美国是市场主导型金融体系的典型代表，但在建立之初，政府这只看得见的手随处可见。在 19 世纪中叶之前，美国的金融业主要由各大银行组成。但是由于特殊的政治和历史背景，美国民众普遍对银行垄断持有负面看法，所以在国内战争之前，各大州的银行机构都实行自由经营。虽然自由经营避免了银行业的垄断，但也由于缺乏必要的监管，导致了 1837 年和 1857 年先后两场金融体系的混乱和危机，给实体经济的发展带来极大的伤害。为此，美国政府颁布了《国民银行法》，在此基础上成立了国家银行系统，通过法律的形式，对银行的权利和义务进行了限制和规定。1900 年，美国政府出台了《货币法令》，对银行机构的标准、设立、发展和运营模式进行了较为详细的界定和陈述，进一步规范了银行业的发展，总体上促进了美国银行业的快速发展。1913 年，美国成立联邦储备银行，银行业为了避免货币审计部门对其持有公司股票的监督和管理，特意成立证券附属机构，借此从事各种投行业务。尽管美国相关政府部门加强了对银行机构的管控，但是美国银行业依旧问题重重，进而美国银行业立法部门推出《格拉斯—斯蒂格尔法案》和《银行法》，以法律的形式扩大了美联储的权利和管理方式，对银行业进行全方位的监管，一定程度上限制了银行业的过度竞争，保证了银行业的持续稳定发展。任何事物的出现和发展离不开外部环境的影响，就像 18 世纪英法战争对伦敦资本市场的客观影响一样，美国国内战争也客观上刺激了纽约资本市场的发展。在两次世界大战中，美国都没有将战火烧到自己的国家，在第一次世界大战期间，美国充当着为各个参战国融资的重要角色，无疑为纽约资本市场的发展提供重要的发展平台，使其成为继伦敦之后的世界金融中心。

美国是一个极度信奉自由主义市场经济的国家，国内经济资源的配置主要通过资本流动实现，资本的自由流动带动了美国金融市场的发展和逐渐完善。从美国的金融体系结构上看，美国民众和企业更倾向于直接融资，证券期货等金融机构比银行中介机构更加重要，家庭资产性收入主要来源于股票市场，通过各种金融工具的买卖和资金的借贷实现资产保值和增值。

3. 德国金融体系的形成与演进。德国资本主义发展相对滞后，受本国国际贸易的发展和影响，金融体系的形成主要分为两个阶段。

第一阶段主要体现在第二次世界大战以前，德国金融机构主要以家族私人银行为主，其中法兰克福、汉堡和柏林等城市都是这个时期重要的金融中心。德国不像英国、美国等资本主义国家，自由经济的成分相对较少，德国企业的自由资本相对较低，因此，对银行的依赖性较强，存贷业务是银行机构的主要业务之一。起初，合作银行和储蓄银行是德国银行的主要形式，1840~1860年的二十年间，共计有800多家储蓄银行产生，19世纪中后期，出现了抵押银行，随后产生了股份制银行，以1869年巴伐利亚联合银行的成立为标志，在接下来的三年间，大约有186家股份制银行相继产生。随着银行体系的逐渐完善和发展，德国银行业成为德国金融业的重要形态，对实体经济的发展起到重要推动作用，其中股份制银行和个体私营银行服务于工业经济领域，合作银行和储蓄银行服务对象为中小型加工业企业和农业领域，而抵押银行则主要为工业中心的市政建设和公共服务提供资金支持和担保。经过一段时间的快速发展，德国金融业进入了重新洗牌的过程，各大商业金融机构通过资本的集聚和股权的买卖，实现内部合并，逐渐形成资产较大的金融寡头，他们支配着大部分银行资本，承担了全国主要的银行业务。

第二阶段主要体现在第二次世界大战后，在第二次世界大战后，德国作为法西斯战败国，各行业的发展都遭到了重创，金融业也难以幸免。为了恢复生产，重整经济，德国政府于1957年颁布《联邦银行法》，将原来的地方中央银行和原西柏林中央银行合并，成立了德意志联邦银行，以法律的形式，明晰了联邦—州两级中央银行体系。德国统一后，联邦银行将原有的东部银行体制进行改组，引入竞争机制，建立"全能银行制度"，以适应市场经济的发展要求。此举对德国金融体系的演进有着重要影响，从根本上剥离了政府对银行的直接管控，使其金融体系的演进成为一个相对独立的过程。虽然银行机构是德国的主要金融机构，但是证券领域也在这一期间得到了一定程度上的发展。德国对证券交易要征收印花税，股票所有者为了避税，把股票存放在银行里，以银行的名义持有，对客户之间的股票进行买卖交易。

第二次世界大战之后，证券市场发展缓慢，公债市场相对发达，而股票市场则因为相应法律法规的缺失，缺少必要的法律监管而发展缓慢。德国的金融市场主要分布在法兰克福和柏林，主要金融工具为政府债券等。总体上看，德国金融市场虽然存在，但功能比较有限，流动性非常低，民众、家庭、企业普遍形成了对银行机构的依赖，全国形成了以银行为主导的金融体系。

德国金融体系结构主要表现在混业经营是银行业的主要形态，不仅可以经营各种长短期金融业务，还可以从事广泛的非银行金融业务，为个人和企业提供全面的金融综合服务。

4. 法国金融体系的形成与演进。法国银行体系的形成，起源于19世纪初，主要以私人银行和地方性银行为主。第二次世界大战之后，社会闲置资本趋于集中和垄断，形成具有重要影响力的金融垄断财团，并呈现出国有化的趋势。1945年12月，法国公布国有化法令，将法兰西银行和几个大型银行集团实行国有化。国有化后的银行，资本集中度提高，银行信誉显著增强，进一步强化了垄断资本，提高了国家支配资源的实力。由此，形成了与其他西方国家金融体系明显不同的特点，即国有化银行在金融体系中占主导地位。法国政府在金融体系中，占有重要位置，可以对金融机构的贷款数量实施控制，直接操纵和控制金融市场，一定程度上促成了金融市场的稳定，同时也延缓了金融资本市场的发展。为了避免金融危机，法国政府设立官方交易所来管理和规范公司股票市场，随着各种法律法规的完善，法国整个证券市场在19世纪和20世纪得到实质性发展。

直到20世纪80年代，法国才放松对资本市场管制。1842~1845年，法国为修铁路进行广泛筹资，先是从伦敦股票交易所筹得第一批资金，后期在巴黎实现后续资金的融资，在这段时间，法国金融体制监管森严，金融业缺乏必要竞争，货币市场仅限于中央银行、商业银行和个别非银行金融机构参与的银行间同业市场。资本市场发展规模较小，发行证券要受到财政部门监管。企业和私人无法进入货币市场，而银行很少参与资本市场，因此，货币市场与资本市场各自为营，无法互通有无，各种因素导致法国形成以银行为主导的金融体系。

5. 日本金融体系的形成与演进。日本和德国都属于以银行为主导的金融体系结构，但是两个国家金融发展的起点各有不同，德国银行系统起源于私人银行，而日本银行则脱胎于政府部门。明治维新之前，日本政府行政机构和制度同中国古代行政机构非常相似，由于中国在近代的衰败以及西方的崛起，日本在明治维新之后，放弃传统的东方制度体系，从各个方面效仿西方发达国家的制度和体系，出于发展现代经济的需要，日本政府从西方国家引入了金融制度，这些变革和发展都是在政府的推动下完成的，决定了日本金融体系在一开始就离不开政府的影子。起初日本银行的准入门槛较低，政府管制相对较少，但是为了避免由于银行无序发展引来金融危机，政府通过兼并的方式来削减地方银行数目，原则上只允许一个辖区有一家银行，而这家银行在限定区域内被赋予了垄断权。第二次世界大战期间，日本政府为了给战争筹得所需资金，开始直接介入日本金融系统，《1937年资金调整暂行条例》扩大了政府介入的程度，逐步形成了一个以银行为枢纽、由中央控制的金融资源系统。日本金融股票市场的发行，为日本军工产业的发展提供了重要的资金，每家军工产品在生产形式上都与一家指定银行进行业务上的绑定，这样银行与公司的关系日益紧密，推动了后续日本银行体系的形成。

第二次世界大战以后，日本面临着战后重建的任务，由于战争给各行业都带来巨大创伤，基于第二次世界大战背景下形成的金融体系已经无法适应和平年代的经济发展需要，为此，金融体系的改革成为必要的措施。在政府的推动下，具有机能分工的多层次的金融体系逐渐形成，都市银行、地方银行和第二地方银行构成的商业银行体系，分别为各类型企业提供长短期贷款业务。同时，借鉴法国金融体系中的"长期信用银行制度"，改善了战前的财政投融资制度，长期信用银行、债券信用银行分别被政府接管，在追赶先进国家金融体系的过程中，逐渐形成了以政府为主导的银行金融体系。这种金融体系表现为银行与客户之间长期稳定的协作关系，银行通过持有企业股份和债务的方式，对企业提供融资和管理，当企业出现资金困境时，银行则会主动介入，从而充分发挥被委派的监督管理作用，克服了经理人与股东之间的代理问题[①]。

（三）金融体系形成和演进的内在根源

从历史发展的角度看，日本金融体系形成和演变的主要因素有政府态度、制度惯性、法律环境和意识形态四个方面，它们彼此相互影响、相互作用，共同推动国家金融体系的演进和发展。

---

① 邵颖. 金融体系演进的内因与逻辑分析——兼论我国金融体系改革[D]. 南京师范大学硕士学位论文，2008：4-12.

1. 政府态度。人们普遍认为，由于英国和法国对南海泡沫事件和密西西比泡沫事件采取了不同的长期应对措施，导致了两种截然不同的金融体系。这两个事件大约在同时期发生，两个国家的应对方法都是在股票市场上引入非常严厉的管制。但是，英国在 1824 年就废止了《泡沫法》，无须经过专门的国会批准就可以自由地成立公司，使得上市公司的数目大大增加，再加上大不列颠和世界其他地区的铁路建设以及对资本的大量需求，使得英国的资本市场得到了极大的发展。法国在密西西比泡沫中的经历对随后的股票市场和银行的发展产生了深远的影响。事件发生后，法国政府设立了一个官方交易所来管理和规范公司股票市场，法国大革命的爆发使得该交易所关闭，抑制了公开招股公司的发展，虽然交易所随后重新开始运作，但公司证券市场在整个 19 世纪和 20 世纪的大部分时间里都没有得到实质性的发展。

就政府态度在金融体系的形成及演进中所起的作用来看，日本现代金融体系的形成最具有代表意义，可以说日本现代金融体系是在一个较短的时间内通过政府直接推动以人为构造的方式快速建立起来的。日本在 1868 年明治维新时，欧美各国资本主义已经取得了长足的发展。为了赶超欧美，日本政府突破常规，选择了一种"反弹琵琶"的发展战略，仅用十多年的时间就建立起了日本现代金融体系。1868 年明治维新后，日本政府致力于确立现代化工业经济，引入了西方类型特别是美国的金融体系。1872 年的《国立银行条例》对银行业的准入规定宽松，政府管制较少，1890 年的《银行条例》也没有最低资本金和贷款风险控制方面的规定，造成的直接后果就是银行数量多、规模小。为解决银行恐慌问题，日本政府从限制银行数目和经营区域、加快银行业的集中开始，直接介入日本的金融体系。1928 年开始实施的《银行法》要求普通银行的资本金达到 100 万日元，资本金不足的银行自我增资又不予承认，因此，只能通过与其他银行进行合并来增加资本金。大藏省提出了"一县一行"的银行合并目标，有些银行不愿意失去独立的经营权力，当时的合并并不顺利，直到进入战时金融管制后才真正实现了"一县一行"的目标，这些银行就是第二次世界大战后的地方银行。同时，国民储蓄不断向属于财阀集团的大银行集中，这些大银行就是战后的都市银行，作为战后日本银行体系主体的都市银行和地方银行就是在这样的背景下形成的。1931 年日本发动侵略我国的"九一八"事变后，进入了战时金融管制时期。金融管制的核心是控制资金分配，以保证军需企业的优先资金供应。1937 年的《资金调整暂行条例》扩大了政府的介入程度，所有超过规定规模的企业在增加其股本或兼并时都必须得到官方的许可，该法还把企业分为"优先"、"许可"和"禁止"三类来控制银行对企业的贷款。1944 年 1 月开始实行的"军需企业指定金融机构制度"的建立标志着这项进程达到了高潮。根据这一制度，各军需企业与银行"配对"，银行不仅保证"配对"军需企业的资金供应，还积极参与"配对"军需企业的经营管理和财务监督。19 世纪 30 年代的日本金融市场，尤其是股票的发行，在为产业提供资金方面发挥了相当重要的作用，资本市场与银行业在企业融资中占有同等重要的地位。第二次世界大战后，日本金融体系的调整也不可避免地需要政府干预，因为需要由政府来决定哪些资产和负债可以被金融机构核销，经济的重建也同样离不开政府的大量参与。1947 年，日本政府通过建立的"战后重建金融银行"（RFB）直接介入对产业资金的分配，它把贷款分配给那些它认为对日本战后建设至关重要的行业，如煤炭、电力、钢铁和海运。1951 年，RFB 的任务转由日本发展银行（JDB）承担，继续向相同的重点行业发放贷款。1960 年以后，JDB 的作用扩展至为政府的产业政策提供支持。日本金融体系的形成和演进，是一种对金融体系进行人为构造的结果，在这一过程中，政府一直起着主导作用，决定着金融体系的方向。

2. 制度惯性。从制度惯性的角度来看，金融体系的演进和变动是一国经济制度的自我完善，它的变化从根本上受制于本国经济制度基本框架。根据诺思（North，1990）的制度变迁理论，一种经济制度由于某些历史性事件的发生而形成，在制度的形成过程中往往付出了巨额的成本，即使其他的经济制度更具有经济的合理性或者更有效率，但要废除已经形成的经济制度，选择一种新的经济制度是非常困难的，经济制度的形成和发展往往具有制度惯性。日本金融体系在第二次世界大战后的发展，很好地体现了制度惯性对金融体系演进的影响。第二次世界大战胜利的一方（美、英等国）希望日本的金融体系依照美国的模式发展，即由证券市场解决长期信贷，而银行只从事短期信贷，但这项计划以失败而告终。企业需要长期资金，使得它们能够投资和扩张，无须不断地为短期因素担心。投资者，尤其是对于家庭而言，需要安全和具有流动性的存款。为了解决这个问题，日本于 1952 年在借鉴他国经验的基础上产生了《长期信贷银行法》，根据该法，允许一些专门的银行通过发行长期债券而不是靠接受短期存款的方法来筹集资金，如此一来，这些银行就能发放长期贷款了。为了实现经济的快速增长，日本对银行业实施了严格的保护，主要包括两个方面：一是通过银行业和证券业的分业经营控制发放新的银行执照，控制新的竞争者进入银行市场；二是通过利率管制（低利率政策）限制银行与银行之间的价格竞争。实行利率管制的一个重要历史背景是当时国内的利率水平明显高于国际上的利率水平，如何通过降低利率来降低企业的借款成本、增强企业的国际竞争力成为当时重要的金融政策课题。因此，日本战后初期形成的金融体系，有力地促进了日本经济在 20 世纪 50 年代中期到 70 年代初期的高速增长。

到了 20 世纪 70 年代中期，日本经济开始进入成熟期，到了 80 年代后，经济增长率开始下降，国民经济从储蓄不足变成了储蓄过剩。为了提高金融机构资金的使用效率，各大银行机构开始将资金投向风险较高的中小企业和项目中去，一定程度上助推了金融泡沫的产生。资本汇集，金融机构的合并，促使日本金融寡头产生，为了维持资本集团的既得利益，在其合谋之下，阻碍日本金融的改革。由于金融体系与实体经济不协调，致使日本在 90 年代产生金融危机。从日本金融体系演进的历程中可以看出，一国的金融体系一旦形成，再要彻底改变它是一件非常困难的事情，制度惯性及其自我恢复能力是我们所不能不考虑的。也正如第二次世界大战末期，盟国企图分解德国的大型银行，结果引起了相当大的混乱。这些企图最终以失败告终，分拆的部分在占领结束后又再次联合，而且除了在政府债券市场以外，大银行通过紧密联系产业和金融市场中作用小的金融模式得到了迅速的恢复。金融体系的演进是诸多因素影响的结果，在这些因素中，法律环境、政府态度、意识形态和制度惯性可能是几个比较重要的因素。但这绝不是说，除此以外的其他因素，诸如政府的能力、经济环境、投资者的选择等是完全可以忽略的。一个国家金融体系的形成及演进，在一定时期内，往往是这些因素中一个或者几个因素在起着主导作用。而且，我们也无法否认，一个国家金融体系的形成及演进还具有一定的历史偶然性。金融体系基本格局形成以后，会随着环境的变化做小幅变化，但基本都能适应各自经济发展的需要。

3. 法律环境。从国家的法律环境来看，日本的法律是保证该国金融体系健康有序发展的重要保障。法学家们认为，根据不同国家法律中的相似之处，将不同的国家划归到不同的法系中。法学家们在为了达到这一目的而经常使用的一些划分标准方面已经取得了共识，这些标准包括：（1）法律体系的历史背景和发展；（2）法律理论和起源的层次；（3）法律体系中法官的工作方式；（4）法律中所定义的法律条文的特征；（5）法律体系中的司法机构；（6）在法律体系中所采用的法律的区分方式。按照这些标准，法学家们确认有两个主要的法系：习惯法法系和民法法系。习惯法最初起源于法官们总是尽力去解决一些特殊案件，民法使用法令和内容全面的条文作为裁决案件的依据，它严重依赖于法学学者对条文进行确定，并将其正式化。民法起源于罗马法律，它是历史最悠久、影响最大、在世界上传播最为广泛的法律传统，有三个分支，即法国民法、德国民法和斯堪的纳维亚民法。

　　罗马法指的是罗马奴隶制时期的所有法律，一般是指公元5世纪前到公元6世纪期间的法律，最早的是《十二铜表法》，最主要的是查士丁尼的《国法大全》。公元527年，查士丁尼继东罗马帝国皇帝位，为了重振罗马帝国雄威，查士丁尼采取了一系列措施，其中重要的一项就是进行法典编纂。公元528年2月13日，查士丁尼任命法学家特立波尼组成一个10人委员会，着手进行法典编纂，历时数年，新的法典《国法大全》终于完成。《国法大全》共由四部分组成：第一部分是《查士丁尼法典》，内容是罗马历代皇帝的敕令大全，其主要内容包括教会法、法的渊源、高级官吏的职务、私法、刑法、行政法等；第二部分是《法学阶梯》，法学阶梯是一种法学教科书，它不仅是官方的法学教科书，而且具有法律效力，其主要内容是罗马私法；第三部分是《学说汇纂》，又译为《法学汇编》，它是对以前法学家的学说、著作和法律解答的整理，主要摘录公元前1世纪至公元4世纪初罗马著名法学家的著作，尤其以波比尼安和保罗的为主；第四部分是《新律》，是查士丁尼死后，由法学家整理完成的。其主要内容是查士丁尼在《查士丁尼法典》编纂完成后30多年里颁布的新的敕令。法律起源是重要的，但对于金融发展，这些法律的执行更为重要，因此，法律执行的状况也会影响金融体系的发展，但法律执行的质量与一个国家是银行主导型金融体系还是市场主导型金融体系之间没有密切的联系。同时，对行使公司治理和做投资决策来说，有关公司的信息至关重要，会计标准简化了不同公司的信息解释性和可比性，促进了财务合约的订立，因此，强有力的会计标准能有效降低交易成本，这些国家倾向于有市场主导型的金融体系。

　　4. 意识形态。从意识形态的角度看，它指引着金融发展和改革的重要方向。意识形态是系统地、自觉地、直接地反映社会经济形态和政治制度的思想体系，是社会意识诸形式中构成观念上层建筑的部分。它是与一定社会的经济和政治直接相联系的观念、观点、概念的总和。就拿美国金融体系的演进来说，1775～1783年的北美独立战争是一次彻底的反殖民主义、反封建主义的资产阶级革命，它对英国在北美的殖民统治和国内的封建势力以毁灭性打击。因此，在美国确立了资本主义生产方式以后，君主至上、独裁强权等封建社会意识迅速为资产阶级的所谓自由、平等、民主等社会意识所冲淡和取代，私有产权思想根深蒂固，任何触犯私有产权和市场经济的言行都被认为不合法。亚历山大·汉密尔顿（Alexander Hamilton）受到他在英格兰银行经历的影响，在独立战争后就提倡建立一个分支遍布全国的大型联邦许可银行，美国第一银行

(1791~1811年)由此而诞生,随后是美国第二银行(1816~1836年)。这些机构所代表的权力集中形式受到了公众的质疑。因此,建立分散的银行体系、避免金融机构过大成为社会的主流意见。在1933年罗斯福新政之前,甚至政府对金融市场的积极干预都会被公众所拒绝。甚至到了1929年开始的大萧条期间,即使有种种幕后交易、操纵股市、故意传播错误信息等丑闻被披露,胡佛总统仍然相信联邦政府对证券交易所的控制是不符合宪法的。

而日本1868年的明治维新是一次不彻底的资产阶级革命,是明治政府对根深蒂固、势力强大的封建阶级妥协退让的产物。因此,尽管日本确立了资本主义生产方式,但封建势力和封建意识顽强地遗留下来,同资产阶级意识形态混合生长。这就使得日本民众在推崇自由、平等、民主的同时,也慑于国家的强权和威力。受这种意识形态所支配,不仅日本政府具有对金融体系干预的强烈欲望,并屡屡采取行动,而且日本社会各阶层也比较容易接受政府的干预,且往往求助于政府的干预。这一点也是在日本金融体系的形成和演进过程中政府干预较多的一个非常重要的原因①。

二、我国金融体系演进历程

(一) 改革开放前我国金融体系演进

新中国成立之前,我国金融体系混乱,各种形式的金融机构并存;新中国成立之后,人民政府在整合各种资源的基础上,成立了以中国人民银行为代表的高度集中的银行体制。由于我国采取的是高度集中的计划经济体制,从而逐渐造就了一个高度集中的银行体系,简称"大一统"的银行体系。这种大一统的格局取决于高度的财政信贷管理体制,包括对国营企业资金的财政、信贷分口管理。在这种格局中,中国人民银行是全国唯一的银行,是全国的信贷中心、结算中心、货币发行中心,各级机构按照总行统一的指令和计划办事。它既是金融行政管理机关,又是经营具体业务的经济实体。1954年成立了中国人民建设银行,但仅执行财政拨款职能,因而不能算作真正意义上的银行。1955年和1963年曾两度成立中国农业银行,但仅持续了很短时间,随即并入人民银行。其他的如中国人民保险公司,1959年全面停止国内保险业务,后

---

① 肖华东. 金融体系演变的内在逻辑与我国金融体系改革的方向 [D]. 武汉大学硕士学位论文, 2004: 15-24.

转交人民银行领导，专营少量国外业务。而农村信用社，本来是作为集体金融组织发展起来的，但后来却成为国家银行在农村的基层组织机构。这是前三十年中国金融的基本制度，在这个基本制度的基础上建立了一整套具体的制度安排。在当时的情况下，这种大一统的金融体制有它的效率和优势，但是，随着我国经济发展的要求，这种统一的模式越来越不能适应生产力发展的客观要求，这就必然导致中国金融体系改革从计划金融体系基础上开始，造成金融资产单一、利率结构僵化、金融市场发育迟缓、资金配置效率低下等问题。

（二）改革开放后我国金融体系改革与发展

从党的十一届三中全会以来，随着经济体制改革的不断深入，金融体制也进行了相应的改革。也逐步从由中国人民银行"大一统"的格局演进为与社会主义市场经济相适应的金融体系，基本确立了现代金融基础。

1978 年改革开放之后，随着我国经济体制逐渐改变，我国的金融业有了长足的发展。从过去近 40 年我国金融体系的改革内容和发展历程来看，大体上可以划分为七年的准备探索阶段、十年的制度框架构建阶段以及四年的调整、充实和深化阶段。

第一阶段，金融体系改革的准备和起步阶段，大体上是 1979~1984 年，这一阶段中国的经济体制改革取得了突破性的进展，国家在金融体制方面也采取了一系列重大举措，从微观经营到宏观管理的多方面发生了根本的改观，我国的金融体系结构开始了一种制度调整的发生阶段。在这个阶段，金融体系和结构出现了变化，最主要地表现在实行金融结构多元化，打破传统制度一统天下的组织结构，建立了二级银行制度的框架。其特点表现为制度安排的调整，从不重视存款转向存款立行，形成了存款立行的约束机制。在资金配置的制度上，由统存统贷过渡到存贷差额包干；在制度变革的发生阶段，新机构和旧机制并存，机构是新的，但制度安排的运行机制基本上是旧机制起支配作用。

第二阶段，就是我国金融体系向市场金融体系转变的探索阶段。即 1985~1996 年，在这十年间，金融基本制度进行了一系列的制度创新安排，为市场金融建立了初步框架。

第三阶段，1997 年至今，这是中国金融体制改革、充实和深化的阶段。在这个阶段，中国经济发展发生了新的变化，由传统的短缺经济发展到总量相对过剩需求不足的经济，因此，在金融制度的演进中主要以充实调整为主要特点和内容。如实施金融不良资产剥离，建立金融资产管理公司，启动资产证券化。同时，完善分业监管体系，建立分业监管机制：证监会、保监会、人民银行，相应地调整了内部的监管体系，撤销省分行，建立 9 大分行。在此基础上，2003 年末成立银监局，将银行业的监督管理职能单独从人民银行中分离出来，而人民银行独留货币政策的调控职能。在这一阶段，中国加速国有银行商业化的改革进程，同时，在整顿金融秩序、防范金融风险、扩大金融服务领域、启动消费信贷市场等方面都加快了改革。而近年来，银行、保险和证券业领域出现了大面积合作，正呈现混业经营的趋势。自从中国加入 WTO 之后，金融对外开放步伐明显加快，表现为外资金融机构对中国金融市场的参与程度加大，一批合资基金管理公司纷纷成立，合格的境外机构投资者开始被允许投资国内证券市场。从金融市场的发展来看，这一阶段货币市场的发展表现为，建立了全国统一的同业拆借市场，并且利率市场化程度大大提高。

从金融总量来看，2015 年与 1978 年相比，社会融资方式方面，由过去单一的银行人民币贷款变为现在的委托贷款、外资贷款、票据汇兑等多种形式；从融资规模看，金融机构的贷款余额由 1978 年的 2163 亿元增加至 2015 年的 993460.5 亿元；从金融机构体系上看，随着经济体制改革的推进，现代金融体系的雏形也逐步形成，建立中央银行制度，发展多元化的银行和非银行金融机构，国有商业银行、保险公司、融资租赁公司、证券交易所、政策性银行等金融机构依次建立，为我国金融业的进一步发展奠定了良好的基础；从金融市场发展状况看，这一时期尤其是资本市场发展迅速，截至 2015 年，境内上市公司数（A、B 股）已达 2827 家，股票市价总值占全球 15%；从货币化程度上看，货币化水平不断提高，M2 货币供应量逐年提高，金融资产相关率（M2/GDP）由 1978 年的 31.98% 提高到 2015 年的 205.72%；从金融资产的价格形成机制来看，利率市场化机制稳步推进，人民币汇率成为有管理的浮动汇率，且浮动的幅度呈增长态势；从监督管理角度看，中国人民银行作为我国的中央银行，不仅有金融调控职能，还负有对金融市场、支付结算、征信管理、反洗钱等监督管理的责任，同时我国银行业监督管理委员会、证券监督管理委员会和保险监督管理委员会分别对银行业、证券业和保险业实行监督管理，逐渐形成了一个分业经营、分业监督的模式，在防范和化解金融风险、保护投资者合法权益方面优势显著，有力地促进了我国金融业稳健发展。

总之，经过改革开放后 30 多年的发展，我国已经建立起了与社会主义市场经济相适应的现代金融体系。我们从金融机构、金融市场、金融产品、融资结构、金融宏观调控体系和金融监管体系六个方面对我国金融体系改革成果进行介绍。

在金融机构方面，从改革前集监管者与经营者于一身的中国人民银行一家独统的局面，发展为以中国人民银行为领导，政策性金融和商业性金融相分离，以工行、中行、建行、农行四大国有商业银行为主体，14家股份制商业银行、外资银行以及券商、保险、基金、信托和农村、城市信用合作社等非银行金融机构并存的现代金融机构体系。

在金融市场方面，从改革前基本空白的金融市场发展成由银行间同业拆借市场、票据市场、外汇市场、股票市场、债券市场和期货市场等组成的较完备的多层次金融市场体系。

在金融产品方面，从改革前单一的储蓄产品演进为包括储蓄、股票、债券、基金和保险等多种投资理财金融产品，而且还产生了以利率、货币、债券、商品及贷款等为基础资产或标的物的金融衍生产品。

在融资结构方面，从改革前财政融资手段拓展为以银行主导的间接融资为主和以基于IPO直接融资为辅的多种融资渠道。

在金融调控体系方面，中国人民银行从改革前统揽一切金融业务的"大一统"的金融机构转变为专门行使负责制定和实施货币政策、对金融业实施监督管理和宏观调控职能的中央银行。

在金融监管体制方面，从改革前中国人民银行"大一统"的金融体制，到由中国人民银行、银监会、证监会和保监会组成的"一行三会"的金融监管体制格局。

（三）我国金融体系改革的趋势分析

总体而言，我国金融业的发展还存在诸多需要改进的地方，为此，笔者试图从以下两个方面加以分析：（1）就金融机构体系而言，我国虽然建立了以银行、证券和保险为主体，包括信用社、信托投资、财务公司、担保公司等多元化、多层次和多种所有制形式并存的金融机构体系，但我国国有商业银行在金融机构体系中所占的比重过高。据银监会最新数据显示，国有商业银行总资产占全国银行业金融机构总资产的比重为44.05%，而其他类金融机构联合总资产所占比重为28.65%。这种一支独大的金融机构体系增加了我国金融业的整体风险，尤其是集中于国有商业银行。相对而言，我国整个金融业的国际竞争力相对较弱，尤其是保险业和证券业。由于当前我国经济正处在转型发展时期，无论是企业购买大型高科技设备还是企业之间的并购、资产重组以及企业的国际化战略的实施都需要相应的金融服务，而我国金融业的短板劣势在一定程度上难以满足相应的金融需求。随着金融意识的强化，大型金融机构更加注重成本和收益，在此大背景下，金融机构有逐渐向大城市集中的趋势，相比较而言，县级及县级以下的金融机构在逐渐减少。事实上，机构的集中化背后是信贷对象的集中化，各大金融机构争先向国有大中型企业、大项目、优势企业以及邮电、通信、电力、交通等垄断企业或行业贷款，然而，对中小企业的资金支持却明显弱化。就总体而言，企业资金供求结构严重失衡，严重阻碍了我国中小企业的健康发展。为了控制风险减少成本以及扩大收益，金融机构减少基层单位数量，选择优质客户作为资金发放对象本身是一种从市场角度考虑下的理性行为，可以说是一种"制度性的进步"。然而，从国家整个金融体系来看，基层金融机构的空白和针对中小企业融资难的问题没有通过有力的措施予以弥补，导致县级和农村本来就不是很多的信贷渠道进一步缩小，使得国家整个金融体系出现明显薄弱环节。另外，我国金融行业集中度高的现象决定了我国信贷市场具有垄断、非完全竞争的特点，由于缺乏相应的竞争压力，致使在金融创新上缺少应有的动力和资源配置上的低效率化。（2）从金融业务的总量结构上来看，存在着三大特征：一是银行、保险、证券三大行业在金融业务总量中居于主导地位；二是三大银行业务总量之间，银行业务仍占据绝对地位；三是在各类银行业务中，贷款业务占据绝大部分的比重。高比例储蓄仍然是这一时期的主要特征，其原因是，我国的投资市场不发达，可用于投资的金融产品不多，投资渠道较少并且不够畅通。另外一个不容忽视的因素是，我国现在处于经济转型时期，基于各种生活压力和传统文化的影响，人们的风险防范意识加强，对新型金融理财产品持谨慎乃至负面态度，总体上抑制了居民参与金融活动的积极性。就保险业来看，市场竞争日趋激烈，虽然从我国的保险深度和保险密度来看，我国保险业有了一定的发展，但是，由于我国保险业起步较晚，同国际相比，我国保险业水平依旧较低。据保监会数据统计，2000年我国保险密度为126.21元/人，保险深度为1.79%，到2015年我国的保险密度增加为1766.51元/人（折合271.77美元/人），保险深度为3.59%。从数值上看，我国保险业总体规模经历了快速发展，但保险深度上明显不足，3.59%的水平远低于世界保险市场6.9%的平均值。同发达国家保险行业相比，我国保险业存在整体业务品种同质现象严重、传统业务经营力度不够、新型业务推广较弱、费率水平与责任保障不对等问题。整体来看，我国的保险行业正处在开发和深化阶段，开发潜力和拓展空间巨大。从证券业发展的角度来看，总体发展势头良好，未来在业务、产品、制度创新上以及市场的广度和深度推进和多层次资本市场的建立上发展空间明显。随着证券公司资产管理业务投资范围的进一步拓宽，传统业务深度化发展，加强新业务的创新成为这一时期的主要特征。但是，我国证券市场在发行、分红、退市等基础制度上依旧存有不足之处，使得在业务创新和业务调整上难以得到相应的保障，同时对证券公司资本金约束和杠杆管理的监管过于严格，致使企业在业务的创新上难以有所作为。

随着我国经济体制的改革力度不断加强，经济结构转型速度加快，为了能够更好地适应和推动实体经济发展，加强我国的金融创新成为未来一段时间的主要任务。从本质上讲，金融创新主要是指变革现有的金融体制和增加新的金融工具，以期获得潜在的利润，是一个以盈利为动机、持续稳步发展的过程。随着我国对外开放程度的加大，外资金融机构介入我国金融市场已成为内在趋势，同时客户需求的多样化将导致金融结构的根本性变革，我国的金融业竞争程度将进一步加大。为此，加快我国金融领域的改革步伐，以适应国内国外的需求和挑战，成为历史的必然。

关于金融体系变迁的步伐究竟应该超前、同步还是滞后于经济体制变迁，20多年来时有争论，至今也未达成共识。从实际情况来看，我国金融体系变迁一直依赖于经济体制变迁，在金融体系制度安排的创新选择方面存在着对经济体制变迁的"模仿"。金融体系变迁的步伐之所以滞后于整个经济体制变迁，主要是基于三个方面的原因：一是由于改革初期国有金融垄断了整个金融体系，使金融体系内部缺乏诱致性制度变迁的利益团体，金融部门的改革只能靠实际部门体制变革的压力推动；二是制度创新主体关于制度转轨知识存量的有限性，从计划金融体系过渡到市场金融体系，对于一个长期适应于计划金融体系的政府而言，其制度转轨和改革的知识存量是极为有限的；三是传统观点的影响，在传统金融理论中，一个著名命题是"经济决定金融"，因此，使人们往往不知不觉内生出金融改革应该滞后于经济改革的改革理念，其实，"经济决定金融"是一个与生产力水平相联系的命题，当生产力水平发展到一个可以脱离实际经济部门运行的独立产业后，这一命题的内涵就遇到了严峻的挑战。

第四章

典型吸血式金融体系历史回顾

人类历史上爆发过几次恶性通货膨胀（比如第一次世界大战以后德国爆发的恶性通货膨胀、新中国成立前国民党政府统治时期的恶性通货膨胀），也发生过几次经济危机（比如1929~1933年资本主义世界经济大危机），给人民群众的生产生活带来严重的灾难，这些可以认为是典型吸血式金融体系。本章重点分析典型吸血式金融体系个案及其危害性。

一、典型吸血式金融体系个案

（一）第一次世界大战后德国爆发的恶性通货膨胀

在西方世界逐渐确立金本位制的过程中，信用货币随着市场经济的日益发达也发展了起来，除钞票之外，银行期票、汇票、银行券、支票等信用货币形式都普及到社会生活中。20世纪的人们已经不再使用沉甸甸的硬币支付日常交易，塞到钱包里充当财富符号的都是种种由"信用"构成其价值的纸币，这些纸币便于携带，便于交易，也便于大量印刷。在这种情况下，如果遇到战争和大规模的经济衰退，谁也难保印钞机不开足马力工作，让货币的数量快速地释放和膨胀。比如第一次世界大战之后的德国，就创造了打破世界纪录的"恶性通货膨胀"。所谓的"恶性通货膨胀"已不再是古代或是工业革命早期那样，每年物价上涨几十倍到几百倍之类的通货膨胀，而是每年物价上涨成千上万倍或者更快速的通货膨胀。

第一次世界大战后在德国爆发的恶性通货膨胀，是德国历史上最严重的一次恶性通货膨胀，也是欧洲历史上最严重的一次恶性通货膨胀。在第一次世界大战结束时，战胜的协约国要求战败的德国支付巨额赔款（大约是1320亿金马克），相当于1921年德国商品出口总值的1/4。德国在战争中丧失了10%的人口和将近1/7的土地，换来的却是巨额的赔款，德国无论如何拿不出这笔钱，法国就联合比利时、波兰占领了德国经济命脉鲁尔工业区，史称"鲁尔危机"。德国政府走投无路，为了能够赔偿巨额的赔款，也为了避免引发德国政府巨大财政赤字，德国政府断然采取通过大量发行货币来偿还战争赔款的政策。另外，德国政府曾以极低的利率向工商业者贷款，而通过大量发行货币的方式偿还贷款，这些贷款就会很快还清。发行的这些纸币很快贬值，但是，产生了一批在通货膨胀中发国难财的金融投机者。大量增发纸币引发的真正国家灾难从此开始了。随着印刷机的全速开动，1921年1月31日，世界金融史上前所未有的恶性通货膨胀，如同张开翅膀的死神，扑向了已经奄奄一息的德国经济。人们尚未来得及摆脱第一次世界大战战败所带来的困境，又不得不面对这次恶性通货膨胀所带来的灾难。从1921年1月到1923年12月德国的货币和物价都以惊人的比率上升。例如，每份报纸的价格从1921年1月的0.3马克上升到1922年5月的1马克、1922年10月的8马克、1923年2月的100马克直到1923年9月的1000马克。在1923年秋季，价格实际上飞起来了：一份报纸的价格10月1日2000马克、10月15日12万马克、10月29日100万马克、11月9日500万马克直到11月17日7000万马克。1923年12月，货币供给和物价突然稳定下来。到目前为止，也只有1946年匈牙利的恶性通货膨胀和1949年中国的恶性通货膨胀可以与之相提并论①。

为了能够形象地形容德国这次恶性通货膨胀的严重程度，可以通过以下实例进行分析。（1）如果一个人在1922年初持有3亿马克债券，仅仅两年后，这些债券的票面价值就买不到一片口香糖了。（2）有两位教授曾将德国的通货膨胀数字绘成书本大小的直观柱状图，可是限于纸张大小，未能给出1923年的数据柱，结果不得不在脚注中加以说明：如果将该年度的数据画出，其长度将达到200万英里。（3）对所有的企业主来说，薪水必须按天发放，不然，到了月末本来可以买面包的钱只能买到面包渣了。发工资前，大家通常都要活动一下腿脚，准备好起跑姿势，钱一到手，立刻拿出百米冲刺的速度，冲向商品销售市场。那些腿脚稍微慢了几步的，往往就难以买到足够的生活必需品，而且会付出更高的价格。农产品和工业品生产都在急剧萎缩，市面上商品奇缺，唯一不缺的就是钱。（4）德国恶性通货膨胀时期，就连钞票也先是改成单色油墨印刷，继而又改成单面印刷——因为来不及晾干。（5）当时，德国

---

① 比尔李，向咏怡. 最经典的通货膨胀［J］. 国际经纬，2009（11）：33.

的孩子们把马克当成积木,在街上大捆大捆地用它们堆房子玩耍,许多家庭的主妇用马克代替木柴,投入火炉中烧火取暖,因为这样更划算一些,这是德国恶性通货膨胀时最经典的场景①。

这些例子绝不是什么虚构的故事,而是 20 世纪 20 年代德国恶性通货膨胀的真实写照,这些例子真实反映出德国人的日常生活,这些例子都很好地描述了德国当时恶性通货膨胀的情况,在这次恶性通货膨胀情况下,德国人民被剥夺得一穷二白,无数百姓陷入赤贫,整个德国处在危机的最边缘,革命一触即发。

(二)国民党政府统治时期的恶性通货膨胀

新中国成立前,国民党政府统治时期,蒋介石为了维护大地主大资产阶级的利益,发动反共战争和进行消灭异己的军阀混战,战争连绵不断,军费开支不断增加,致使财政入不敷出,造成巨额财政赤字。抗日战争胜利以后,蒋介石政府又在美帝国主义的支持下,发动了全国范围内的反共、反人民内战,企图建立"蒋家王朝"。军费支出更是庞大,财政赤字更是巨大,在这种情况下,为了弥补巨额的财政赤字,除加重对老百姓的剥削之外,印刷钞票抢夺人民群众的财富成为国民党政府弥补财政赤字的最好方式。

1935 年国民党政府实行法币制度,1935 年 11 月法币发行额为 42700 万元,到 1937 年初已达 13 亿元,抗日战争前夕约计发行 15 亿元,比法币改革前增加了 1 倍多。1939 年以前,通货膨胀速度还比较缓慢,物价上升指数还未超过法币增发指数。如果以 1937 年 6 月法币发行指数为 1 计算的话,到 1939 年 12 月,法币发行指数为 3.04,而物价指数重庆为 1.77,通货膨胀来临了。刚开始,针对恶性通货膨胀,国民党政府还可以靠发行公债暂缓一时,后来,国民党政府军事上的不断失利,财政赤字不断增大,唯一的办法便是开动印刷机大量印刷钞票。纸币无限制地发行,引发物价不断上涨,二者互为因果、互相影响。到 1940 年以后物价上升指数超过通货增发指数,也就是说,物价上涨的速度开始大大超过法币发行的速度。到抗日战争结束的 1945 年 8 月,法币发行指数为 394.84,法币的发行额是 5569 亿元,同期重庆物价指数为 1795.00,1945 年 8 月法币的发行额比 1937 年 6 月的 14.1 亿元增加了 392 倍,增加幅度已经比较大了,但 1945 年 8 月以后法币的发行量更为夸张。到 1945 年底,法币发行量已突破 1 万亿元大关,达到 10319 亿元,与 1945 年 8

---

① 比尔李,向咏怡. 最经典的通货膨胀[J]. 国际经纬,2009(11):34.

月相比，几乎翻了一番。到 1946 年底法币发行量更是增加到 37261 亿元，比 1945 年底增加了 2.6 倍。

自 1947 年起法币进入崩溃阶段。1947 年 7 月，国民党政府在美帝国主义的支持下，发动了全国范围内的反共、反人民内战，军费支出剧增，黄金外汇消耗甚巨，法币发行如断了线的风筝。1947 年 12 月法币发行量高达 331885 亿元，在 1946 年的基础上又增加近 8 倍。到 1948 年 8 月，法币滥发量更为惊人，法币发行额竟高达 6636946 亿元之巨，短短的 8 个月里增加了 19 倍，发行指数为 470705.39，而同期上海物价指数为 5714270.30，法币发行量猛增到抗战前的 47 万倍，同期物价则暴涨为 492 万多倍，为前者的 10 倍。法币完全丧失了作为货币的基本职能。在国统区，金、银、外币已取代法币的地位成了现实的货币。这中间国民党政府也曾宣布经济紧急措施，取缔黄金投机，禁止黄金外币流通和买卖，甚至施用武力，但收效甚微，法币已贬值到不及它本身纸张及印刷费的价值了。

1948 年夏、秋之间，国民党政府在军事上遭到解放军的致命打击，法币崩溃。国民党政府不得不于 1948 年 8 月 19 日宣布废止法币，孤注一掷，发行新的通货金圆券来取代法币。每 300 万元法币兑换金圆券 1 元。国民党政府以 1∶300 万的比例收兑无限膨胀了的法币，1948 年 8 月 19 日金圆券付诸实施，规定新币每元含金量为纯金 0.22217 公分，发行总限额为 20 亿元。但政府很快自食其言，1948 年 12 月，金圆券的发行量已达 83.2 亿元，超过限额 4 倍多，1949 年 1 月，再增加至 208 亿元，相当于发行最高额的 10.4 倍，1949 年 5 月上海解放前夕，更猛增至 679458 亿元，是金圆券发行限额的 33972 倍，如果以 1∶300 万的兑换率折合成法币，则数量高达 2038374000000 亿元的天文数字，相当于 1937 年 6 月的 144565531900 倍。票面额也越发越大，从 100 元面额到 1 万元、10 万元，最后竟出现 50 万元、100 万元一张的巨额大票，金圆券最后遭到人民拒用。因此，新发行的金圆券很快就宣告崩溃，事实证明，金圆券在不冻结货币发行的情况下冻结物价、冻结工资，是根本行不通的，因此，在短短几个月内就彻底崩溃了。1948 年 8 月到 1949 年 5 月上海解放，短短 10 个月中，金圆券发行额为 679459 亿元，发行指数为 307124.3，同期上海物价指数达 6441361.5。如果把法币和金圆券合计，则自 1937 年 6 月到 1949 年 5 月，货币发行指数为 144565531914.9（即 1400 多亿倍），同期上海物价指数为 36807692307691.3（即 36 万多亿倍）。在 1948 年 8 月一张提货单上共贴有 100 元面额印花税票 61000 余张于 1948 年发行的金圆券，上海市民争相挤兑黄金。1949 年 4 月南京解放，国民党政府迁往广州，同年 6 月，金圆券发行额增达130万余亿元，7月份又分别在广州、重庆小块地方发行了银圆券（中央银行金圆券壹佰万圆（1949，148mm×60mm）、中央银行银圆券壹圆（1949，147mm×59mm））。其实，早在金圆券发行方案实施以前，金融界不少专家就指出，法币已流通10多年，虽然连续贬值，但至少还能为老百姓所接受，但是金圆券则做不到这一点。由于当时的政治、经济形势极其动荡，军事上又接连失利，国民党政府为了弥补巨额赤字又完全依赖印钞机，这些都决定了金圆券的命运只能以失败告终。在国民党政府的反动统治下，广大老百姓生活在水深火热之中①。

从1937年至1949年的12年间，国民党政府的货币发行量增加了1400多亿倍，物价上涨了85000多亿倍，达到世界罕见的程度。国民党统治区延续12年的恶性通货膨胀，国民党反动政府对老百姓进行了残酷的掠夺。以下几个事实形象地描述了当时恶性通货膨胀的情景：(1)法币100元的购买力，1937年值黄牛两头，1918年可买一头黄牛，1939年能买一头猪，1941年能买一袋面粉，1943年能买一只鸡，到抗日战争结束后的1945年只能买2个鸡蛋，1946年只能买1/6块固本肥皂，1947年值煤球一个或者不到半盒火柴，1948年只能买三粒大米，1948年8月值大米0.002416两（每斤16两制），1949年5月值0.000000000185两，即一粒米的2.45‰。在这种恶性通货膨胀下，人民不得不携带大捆钞票购买日用品。物价的上涨创下天方夜谭。(2)1948年，沈阳的鸡蛋20万元1个，上海的开水2000元一杯，北平的元宵1万元一个，南京的油条5000元一根。人们买东西都要提整捆的钱。(3)国民党政府恶性通货膨胀时期，还出现过这样的怪事，有些地方小贩把100元以下的法币当废纸收购，每斤作价2000元，而旧报纸每斤售价6000元，这简直是天方夜谭。(4)通货对内价值严重贬低，必然导致对外价值暴落。由于物价疯狂上涨，货币实值持续下跌，受预期心理和恐慌心理驱使，为了保值、增值，除了物资外，人们还竞相追逐黄金、外汇，引致对黄金、外汇的超额需求，最终导致黄金、外汇的价格一路走高②。

（三）1929~1933年资本主义世界经济大危机

1929年10月开始的经济大危机先是由股市崩盘引起的。在此之前的1929年夏天，美国还是一片歌舞升平，1929年夏季的三个月中，美国通用汽车公

---

① 贺水金.论国民党政府恶性通货膨胀的特征与成因［J］.上海经济研究，1999（6）：67-68.
② 贺水金.论国民党政府恶性通货膨胀的特征与成因［J］.上海经济研究，1999（6）：68-69.

司股票指数由268上升到391，美国钢铁公司的股票指数从165上升到258，当时人们见面时不谈别的，只谈股票，直至1929年9月，美国财政部长还信誓旦旦地向公众保证："这一繁荣的景象还将继续下去。"但是，1929年10月24日这一天，美国金融界崩溃了，1929年10月24日被称为"黑色的星期四"。这一天，纽约股票市场抛出1300万股，超出正常标准的100万股，开盘第一个小时内，股市就猛烈下跌。股票价格下跌之快，就连股票行情自动显示器都跟不上趟，花旗银行、大通银行和其他两家银行大老板在摩根公司大厦密谈，策划组织一个2.4亿美元的买进集团来抑制抛售股票的恐慌。而胡佛总统则明确表态："美国主要工商业以及商品的生产和销售形势很好，欣欣向荣。"但是，灾难性的市场崩溃形式已经不可阻挡。1929年10月29日抛出股票多达1650万股，成了最糟糕的一天，标志着经济大危机时期的开始。在这种情况下，美国各地谣言四起，美国民众普遍弥漫着悲观的情绪。从1929年10月24日到1929年12月底，纽约市场股票价值总共下跌了450亿美元左右。美钢股票1929年最高点是261，1932年跌到21。1929~1932年，由于跌价而造成的证券贬值，美国为840亿美元。危机期间，股票价格指数下降的幅度达51%。1928年美国发行的有价证券共13亿美元，到1933年只有160万美元。1929~1933年美国破产的银行共10500家，占银行总数的49%。美国金融以及整个经济陷入窒息状态，千百万美国人多年的辛苦积蓄付诸东流，陷入赤贫之中，就连一些大资本家也难逃破产的厄运，整个美国经济陷入深深的绝望之中。

证券交易所破产的浪涛也波及一切资本主义国家，英国、德国、法国等国的交易所也相继破产。1929年秋季证券交易所的破产是其生产过剩危机加深的信号，也是资本主义基本矛盾的深刻体现。此后，资本主义国家的生产都持续下降，商业也继续萎缩，工业失业人数不断增加，经济持续下滑。直到1933年，资本主义世界才开始从危机转为萧条。1929~1933年危机的极度深刻性和其空前持久性结合在一起，使这一次危机具有极大的破坏力，它使资本主义工商业大幅倒退，使整整几十年生产力的发展成就付之东流。第一次世界大战前的各次危机通常使生产水平倒退一两年，倒退四年或四年以上的情况都极少。而1929~1933年的危机却使整个资本主义世界的工业生产水平大约后退到1908~1909年。其中，美国后退到1905~1906年，德国后退到1896年，英国后退到1897年[①]。

---

① 金柏松. 美国经济转型分析与启示 [J]. 对外经贸实务, 2008 (5): 4-5.

1931年9月，英国被迫放弃金本位制，宣布英镑贬值，震动了世界各国。英联邦以及许多同英镑联系的欧洲国家的金本位制都跟着垮台了。1933年3月，资本主义世界信用、货币制度崩溃的浪潮袭击了美国。美国银行倒闭之风更加剧烈。到1933年，美国银行共倒闭11730家，企业倒闭252000家。1933年3月4日美国总统罗斯福在其就职之日，不得不宣布银行"休假"，随即关闭纽约金融中心，并放弃了金本位制[①]。

1929~1933年史无前例的资本主义世界经济大危机，对资本主义世界影响深远，这次经济大危机的影响不仅局限于生产领域和商业领域，而且也扩展到银行信用领域、外汇领域和债务领域等。在这次经济大危机中不仅商品价格下跌，难以售出，致使许多资本家破产，也使广大人民群众生活难以维持，严重降低了人民群众的生活水平。这次经济大危机持续时间之长，危害之严重，是经济史上之最，不仅使资本家破产，而且实际上某些资产阶级国家也破产了。这次经济大危机也宣告了古典政治经济学主张"自由放任"经济理论及政策的失灵，表明单纯依靠市场调节从而实现资源的优化配置是不现实的。这次经济大危机也表明，单靠资本主义本身内在的力量已经不足以克服这次经济大危机，国家适当地干预经济是必需的。于是，主张通过加强"国家干预"经济以克服经济危机和保持"充分就业"的凯恩斯主义便应运而生。凯恩斯主义利用加强"国家干预"克服市场失灵，从而克服经济危机，凯恩斯主义适应了当时的经济形势，在凯恩斯主义理论的指导下，几个典型资本主义国家终于克服了这次规模空前的资本主义经济大危机。

二、典型吸血式金融体系的危害性

（一）第一次世界大战以后德国爆发的恶性通货膨胀的危害

两次世界大战之间，德国经历了一次历史上最引人注目的超速通货膨胀，也称为"最经典的通货膨胀"，这次恶性通货膨胀不仅给当时德国人民带来巨大的灾难，也深刻影响了当时世界政治经济形势，为日后第二次世界大战埋下重重的伏笔。

第一次世界大战以后德国爆发的恶性通货膨胀，造成一个个离奇的经济故事，德国的各个经济部门，还有德国每个居民的日常生活，都受到致命的打

---

① 梁旭辉，周占伟. 浅析自由放任和国家干预两种经济思想的利弊[J]. 跨世纪，2008（10）：6.

击。这次恶性通货膨胀使德国巨大的社会财富集中到极少数人手里，无数普通德国人遭到疯狂的无形洗劫，因而倾家荡产，流落街头。美元、英镑等货币的购买力被无限地放大，任何一个手上有一些美元或英镑的外国人，在德国都可以兑换到巨额马克，因而在德国都可以过上富翁一般的生活。因此，外国人争先恐后来到德国，到处抢购不动产、黄金、珠宝、艺术品等，这又进一步恶化了德国人的生活水平。

德国爆发的这次恶性通货膨胀，也深化了德国社会矛盾。如果把通货膨胀比作一部超级"财富绞肉机"，那么摇动手柄的就是德国银行家，他们血洗了中产阶级多年辛辛苦苦的储蓄，使大量社会主流人士一夜之间沦为赤贫，从而奠定了日后纳粹上台的"群众基础"，并深深种下了德国人对犹太银行家的痛恨。德国老百姓对犹太人的仇恨，也必然会被日后的战争狂人所利用。实际上，下一场更为惨烈的世界大战的所有诱因已经在1923年基本上全部到位了。在巴伐利亚的一个监狱里，一个未来的恶魔也正在关注通货膨胀问题。1923年11月，阿道夫·希特勒（Adolf Hitler，1889~1945）发动了以失败而告终的慕尼黑啤酒馆政变。这位未来的元首只好坐在监狱里，埋头写作《我的奋斗》，并在文章中表达了他对通货膨胀的看法，也产生了希特勒日后大规模屠杀犹太人的思想根源。

（二）国民党政府统治时期的恶性通货膨胀的危害

新中国成立前，国民党政府推行滥发纸币政策，引起货币贬值、物价飞涨，给人民群众的生活水平带来毁灭性的影响，人民群众生活日益贫困，恶性通货膨胀导致了国民党政府财政经济的全面破产，国民经济逐渐崩溃。而以经济为基础的政治、军事也随之走向崩溃，使国民党政府在大陆的统治最终覆灭。

国民党政府延续十多年的恶性通货膨胀，使广大人民群众的生活水平不断恶化，陷入水深火热之中。工薪阶层深受其害，在恶性通货膨胀情况下，物价不断上涨，工人按货币计算的名义工资是增加的，但工资增加的速度远远落后于物价上涨的速度，因此，造成实际工资的大幅下降。据《荣家企业史料》记载，抗日战争期间工人实际工资降到抗战以前的20%左右，解放战争期间又再降到15%左右。并且，刚拿到手的工资转眼间还要负担货币贬值的损失，如1947年8月上半月计算工人生活费指数时，米价是4000万元左右，按这个指数工资发下来时米价已涨至6000万元以上，工人实际工资又贬去了1/3。到1948年8月金圆券发行时，停止了按生活费指数发给工资，并且当时市场物价是一天数价，工人生活日益赤贫化。这次恶性通货膨胀也给职员、公务人员和知识分子生活水平带来极大的影响。他们在抗日战争前，其生活水平与工人、农民相比较高，而在国民党政府实行通货膨胀以后，生活水平迅速下降，工人、职员、知识分子的生活日益贫困。绝大部分中下级公务人员和知识分子，他们单纯依靠工资收入生活，如此恶劣的通货膨胀，使他们的生活赤贫化。不少人辛辛苦苦的积蓄，顷刻间化为一堆废纸，因此，不少人选择以自杀的方式结束自己的生命[1]。

农民的苦难也十分深重，虽然粮食也在涨价，但是由于农用工具、肥料、种子以及其他农用品的价格猛烈上涨，导致粮食生产成本加大，农民的实际收入大幅下降。通货膨胀促使因工业品与农产品交换价格剪刀差扩大，农民通过出售农产品换回来的工业品也大大减少，造成农民实际生活水平大大下降。特别是无田地贫农，需要花高价买进粮食以维持生活，通货膨胀对他们来说更是灾难性的。另外，国民党政府对广大农民实行征赋、征粮等压榨政策，从而对广大农民进行直接掠夺，农民的生活更加苦难。

民族资产阶级在通货膨胀初期，因工人实际工资下降，获取了较多的利润。但在剧烈的通货膨胀下，国民党反动政府对社会财富进行疯狂掠夺，民族工业正常的再生产受到破坏，民族工业奄奄一息。在这种情况下，民族资产阶级的生活条件极大地恶化，并且民族资产阶级和官僚资产阶级的矛盾日趋尖锐。

国民党政府滥发纸币，恶化了广大人民群众的生存条件，使人民群众的生活极度贫困。通货膨胀的整个过程，就是国民党政府对人民进行疯狂掠夺和积累四大家族官僚资本的过程。在这个过程中（从抗日战争开始到国民党政权最后灭亡），四大家族掠夺了中国人民 200 亿美元的财富，其中通过实施通货膨胀、增加纸币发行掠夺的财富就在 150 亿美元以上[2]。人民在通货膨胀的残酷剥削下，生活极度贫困。这激起了人民群众的愤慨与反抗，从 1946 年 12 月起，国民党统治区各阶层人民不断掀起"反饥饿、反内战、反迫害"的民主爱国运动的高潮，国统区人民的反抗斗争沉重打击了国民党的反动统治，加速了国民党政权的崩溃。中国人民解放战争的胜利，终于宣告了国民党政府统治及其通货膨胀政策的最后结束。

---

[1] 第一文库网：http://www.wenku1.com. 孙双武，郑起东."国民政府与通货膨胀"。

[2] 张吉托. 浅谈国民党在大陆失败的原因 [J]. 华东师范大学学报（人文社会科学版），2011（1）：119.

(三) 1929～1933 年资本主义世界经济大危机的危害

1929 年 10 月下旬,以美国纽约股票市场大崩盘为标志,爆发的这场资本主义史无前例的经济大危机,也是资本主义历史上最深刻的一次危机,给整个资本主义社会带来毁灭性的打击。股票一夜之间由 5000 多亿美元的顶峰跌入深渊,5000 多亿美元的资产一夜之间化为乌有,股票市场的大崩溃导致了持续四年的经济大萧条,整体经济水平倒退了十几到几十年。从此,以往蒸蒸日上的资本主义社会逐步被存货积压、工人失业、商店关门的凄凉景象所代替。

工业生产下降的幅度是之前历次经济危机所从未有过的,大危机期间,整个资本主义社会工业生产水平下降了 40% 以上。以美国为例,1932 年美国的工业生产总值与 1929 年相比,下降了 46.2%。危机期间美国的机床制造业下降了 80%,生铁下降了 79.4%(倒退了 37 年),钢铁下降了 75.8%(倒退了 28 年),汽车下降了 74.6%,采煤量下降了 40.9%。不仅整个资本主义社会工业生产下降的幅度惊人,而且其延续时间也非常持久。在以前的危机中,生产下降的延续时间不过几个月,而这次却是几十个月。国际贸易额的实际贸易量也出现历史上第一次的下降,1933 年资本主义世界的贸易额缩小到 1919 年前的水平。这次危机前后持续 4 年,使整个资本主义世界损失价值 2500 亿美元,比第一次世界大战的物质损失还多 800 亿美元,成为到目前为止资本主义世界最为严重的一次经济危机①。

大危机使失业人数达到有史以来的创纪录水平,美国失业人数由不足 150 万人猛升到 1700 万人以上,占整个劳动大军的 1/4 左右。就全世界来说,全失业和半失业工人总数在 4500 万人左右。大危机使工业生产大幅度下降,企业倒闭,大量工人失业②。

大危机不仅使工业生产大幅度下降,而且蔓延到所有的农业部门,大危机迅速蔓延成为世界规模的农业危机,它涉及谷物、畜牧、林业等技术作业部门,农产品价值降到最低点,资本家将牛奶倒入大海,把粮食、棉花当众焚毁的现象屡见不鲜。造成农业生产大破坏,大批农民破产,农民收入也大幅度减少。由于农业危机与工业危机的交织,工业对农产品需求的大幅度减少和城乡居民购买力急剧下降,加深了农业的慢性危机。农业危机造成的农用生产资料

---

① 五星文库:http://www.wxphp.com/. 浅析美国 1929—1933 年世界经济危机及首先在美国爆发的原因.
② 金柏松. 美国经济转型分析与启示 [J]. 对外经贸实务,2008 (5):5.

和消费资料的需求减少，又反过来使工业危机深化。大危机期间，美国的农产品价格指数下降了56%，农民总收入下降了57%。农业生产力的严重过剩引起了生产力的大倒退和大破坏，许多农场手工劳动取代了机器操作，农田管理质量急剧下降，谷物、棉花等农作物烂在地里或被当作燃料，牛奶、咖啡等饮料被倒入江海、牲畜被宰杀。出现了如斯大林所说的"以销售'剩余'商品和焚毁'多余'农产品来保持高昂价格，保证高额利润被认为是完全正常的"现象。他还说："如果一种经济制度竟不知道怎样处置自己所生产出来的'多余'产品，而在群众普遍遭到贫困、失业、饥饿和破产的时候却不得不把它们焚毁掉，那么这种经济制度本身就给自己宣判了死刑。"[①]

总之，这次经济大危机的明显特点是持续时间长、危害程度深、涉及领域广，几乎影响了全世界人民群众的生产生活。这次经济大危机不仅导致生产领域陷入瘫痪，而且极大地影响了分配、流通等领域，这场经济大危机也引发了政治危机及部分国家的社会动乱。这次经济大危机与以往危机不同，以往经济危机周期的过程是由危机、萧条、复苏、繁荣相继的，这次经济大危机在谷底结束后并未出现复苏，而是持续萧条，到了1937年又发生了短暂的经济危机。

以上列举出几个典型吸血式金融体系，通过分析这几个典型吸血式金融体系的危害，我们认为吸血式金融体系不仅造成社会生产大衰退，引发金融、经济危机，而且造成人民群众生活水平急剧下降，给生产生活造成的损失是难以弥补的。在有些国家，吸血式金融体系还会引发政治、社会危机，因此，吸血式金融体系的危害是非常大的，所以构建造血式金融体系是非常迫切的。

---

① 五星文库：http://www.wxphp.com/. 浅析美国1929—1933年世界经济危机及首先在美国爆发的原因。

第五章

金融体系对区域金融发展水平的促进作用

金融体系对区域金融发展水平具有极大的促进作用，改革开放尤其是20世纪90年代以来，我国区域金融发展水平的较快发展离不开金融体系的作用。本章对我国区域金融发展水平度量指标的选取与数据来源进行说明，并且对我国区域金融发展水平进行度量，以此说明金融体系对我国区域金融发展水平的促进作用。

一、我国区域金融发展水平度量指标的选取与数据来源

（一）区域金融发展水平评价指标构建

要衡量我国区域金融综合发展水平，需要先建立相应的评价指标体系，因此，了解当前区域金融研究文献资料中所使用相关评价指标，有助于本书区域金融综合发展评价指标体系的构建。国内多数学者直接采用金融相关比率（FIR）衡量中国区域金融发展水平，如齐梅英（2010）[1]、王君芬（2008）[2]。也有一些学者采用综合金融发展水平进行度量，例如，田箐（2011）建立了一个包含金融中介发展指标、资本市场发展指标以及保险市场发展指标的综合指标体系，并运用因子分析法对区域金融综合发展水平进行了度量[3]。章蓉（2011）建立了一个包含金融发展的规模指标、金融发展的结构指标以及金

---

[1] 齐梅英. 我国区域金融发展差异研究 [D]. 山东经济学院，2010：26.
[2] 王君芬. 我国区域金融的发展差异及空间效应研究 [D]. 浙江工业大学，2008：26.
[3] 田箐. 中国区域金融发展：差异、特点及政策研究 [J]. 财经问题研究，2011（2）：64.

发展的效率指标的综合指标体系,并运用因子分析法对区域金融综合发展水平进行了度量①。可以看出,国内学者对金融发展水平评价指标的选取与本书对金融体系构成的看法②是基本一致的。

根据国内学者对金融发展水平评价指标的相关选取以及我国金融统计数据的可得性与完善性,我们从规模扩张、结构调整和效率变化三个方面对我国区域金融发展水平进行考察,能反映出金融体系对区域金融发展水平的作用,这里采用如下三大指标衡量我国区域金融发展水平。

1. 金融发展的规模指标。最为常用的衡量金融发展规模的指标就是金融相关比率(FIR),金融相关比率越大,表明金融发展的规模越大,金融相关比率越小,表明金融发展的规模越小。学者们在使用 FIR 衡量金融发展水平时,通常将其简化为金融资产总量与国内生产总值之比。但是,由于中国缺乏各地区金融资产以及 M2 的统计数据,因此,本书在计算金融相关比率时,一般采用金融机构的存贷款余额之和与地区生产总值的比率进行计算。

2. 金融发展的结构指标。金融结构是指构成金融总体的各个组成部分之间的相互关系与形成状态,金融结构表明了金融活动的质量,也直接和间接地影响着经济发展的质量。考虑到目前我国金融市场发展的实际状况以及数据的可得性,本书选用地区上市公司数量与全国上市公司数量之比(FCR)来衡量地区金融结构的变化。应该说尽管这一指标不是很全面,但是也大体上反映出了改革开放以来,我国地区金融结构的变化。

3. 金融发展的效率指标。金融业作为一个产业,可以通过投入产出活动影响宏观经济的运行,因此,在考虑金融效率的时候需要把投入产出活动都考虑进来。考虑到数据的可得性,本书采用贷款余额与存款余额的比率(LSR)衡量各地区金融发展的效率,这个指标描述的实际上是各地区金融中介将储蓄转化为贷款的效率,也可以认为是各地区金融发展的效率。通过利用存贷款数据和上市公司数据对上述指标进行计算,可以发现中国金融发展和地区差距的一些特征。

可以看出,采用上述三大指标也涵盖了金融体系的一些内容,因此,上述三大指标不仅能反映出我国区域金融发展水平,其实从很大程度上也可以反映

---

① 章蓉. 区域金融综合发展水平的度量及影响因素分析 [D]. 西南财经大学, 2011: 23-26.
② 笔者认为, 金融体系主要指金融市场、金融中介以及金融工具三者的结构配比和各自的发展状态。

我国区域金融体系的状况。

（二）数据来源及处理

我国于20世纪80年代中期开始设立股份制企业，上海证券交易所和深圳交易所分别于1990年12月、1991年4月成立，标志着我国证券市场的开始，从沪深交易所建立起，中国证券市场至今也走过了20多年的历程。因此，我们将研究时间范围设定在1990～2015年。其中，重庆市于1996年成立直辖市，因此，重庆市的数据始于1996年。金融机构各项存款总额、金融机构各项贷款总额、GDP数据以及上市公司数量数据来源于1991～2016年《中国统计年鉴》、1991～2016年各年我国31个省（区、市）统计年鉴以及1990～2015年我国31个省（区、市）国民经济和社会发展统计公报。我们可以得到1990～2015年我国31个省（区、市）金融机构各项存款总额、金融机构各项贷款总额、GDP数据以及上市公司数量，结果见附表1到附表16。

二、金融体系对我国区域金融发展水平促进作用的实证分析

我国共有31个省（区、市），按照一般的划分标准，我们将31个省（区、市）划分为东北三省、西部十二省（区、市）、中部六省（区、市）、东部十省（区、市）。东北部地区包括辽宁省、吉林省、黑龙江省；西部地区包括重庆市、四川省、贵州省、云南省、西藏自治区、陕西省、甘肃省、青海省、宁夏回族自治区、新疆维吾尔自治区、内蒙古自治区、广西壮族自治区；中部地区包括河南省、湖北省、湖南省、山西省、安徽省、江西省；东部地区包括北京市、河北省、天津市、山东省、江苏省、上海市、浙江省、福建省、广东省、海南省。

（一）评价模型说明

本书采用金融发展的规模、金融发展的结构以及金融发展的效率三大指标对我国31个省（区、市）以及在此基础上形成的四大区域金融发展水平进行描述性统计。

基于省级层面角度，我们利用31个省（区、市）各自金融机构的存贷款余额之和与地区生产总值的比率度量31个省（区、市）各自金融发展的规模。利用31个省（区、市）各自上市公司数量与全国上市公司数量之比

(FCR)来度量地区金融结构的变化。利用31个省（区、市）各自贷款余额与存款余额的比率（LSR）度量各地区金融发展的效率。基于区域层面角度，我们利用四大区域各自金融机构的存贷款余额之和与区域生产总值的比率（FIR）度量四大区域各自金融发展的规模。利用四大区域各自上市公司数量与全国上市公司数量之比（FCR），并且除以区域所包括的省（区、市）的个数（这样做的结果可以使区域之间的金融结构数据具有可比性），来度量各区域金融结构的变化。利用四大区域各自贷款余额与存款余额的比率（LSR）度量各区域金融发展的效率。

在附表1到附表16的基础上，我们可以整理出1990~2015年我国31个省（区、市）以及东部、东北部、中部以及西部金融发展的规模、金融发展的结构以及金融发展的效率数据。另外，以上分析方法只能度量我国31个省（区、市）以及四大区域金融发展的规模、金融发展的结构以及金融发展的效率，而要度量我国31个省（区、市）以及四大区域综合金融发展水平，就必须将金融发展的规模、金融发展的结构以及金融发展的效率三个指标综合成一个统一的指标。这就必须采用基于AHP（The Analytic Hierarchy Process，AHP）模型的综合指数方法（也称为层次分析法）。层次分析法是一种将定性分析与定量分析相结合的目标决策分析方法。层次分析法的基本原理是排序原理，具体可描述为：首先，将影响评价的各个指标（即金融发展的规模、金融发展的结构以及金融发展的效率）组成一个大的评价指标体系；其次，两两比较各因素的重要性，即可给出所有因素按重要性程度的一个排序，排序结果是与总目标相挂钩的；最后，对指标排序结果进行分析，以有助于对评价对象进行评价。

（二）基于层次分析法的评价步骤

1. 将各评价指标按重要程度进行排序。我们金融学的一些知识及相关研究文献资料的做法，经过综合分析可以确定各评价指标按其重要程度排序结果是：金融发展的规模、金融发展的结构以及金融发展的效率。

2. 构造评价指标两两比较判断矩阵。因为对金融发展的规模、金融发展的结构以及金融发展的效率三个指标的重要性无法直接定量分析，而只能定性分析，因此，用两两比较分析方法是合适的。我们构造的指标比较判断矩阵为$[1 \ 1/3 \ 1/5; 3 \ 1 \ 1/3; 5 \ 3 \ 1]$。

3. 计算各个评价指标的权重。本书按照根法（即几何平均法）进行计算各个评价指标的权重，其计算步骤是：首先，计算矩阵每一列元素的乘积；其次,计算 P_i 的 n 次方根;最后,计算各指标的权重。按照前述计算方法,可以得到金融发展的规模、金融发展的结构以及金融发展的效率三个指标的权重分别是 0.605、0.291、0.103。

4. 评价指标两两比较判断矩阵一致性检验。需要对判断矩阵进行一致性检验,这就需要计算随机一致性比率 H,H 可以由下式表示:

$$H = \frac{T}{W} \tag{5.1}$$

其中,T 是一致性指标;W 是判断矩阵的平均随机一致性数值。T 可以由下式表示:

$$T = \frac{\lambda_{\max} - K}{K - 1} \tag{5.2}$$

其中,$\lambda_{\max}$ 是判断矩阵的最大特征值;K 是评价指标体系中的指标个数。如果 $T=0$,则说明判断矩阵具有完全一致性,不需要计算式(5.1);如果 $T \neq 0$,则还需要计算式(5.1)。W 可以查表而得,其数值如表 5-1 所示。

表 5-1　　　　　　　　判断矩阵平均随机一致性数值

阶数	1	2	3	4	5	6	7	8	9	10
RI 值	0.00	0.00	1.24	0.58	0.90	1.12	1.32	1.41	1.45	1.49

当计算出的随机一致性比率 $H<0.1$ 时,则认为各指标权重的分配是合理的;否则,要重新设置判断矩阵的元素取值,重新分配各指标权重的值。根据 Matlab 软件计算结果,三个指标两两比较判断矩阵的最大特征值为 3.0385,并且已知判断矩阵的阶数是 3,因此,根据式(5.2)可以计算出判断矩阵一致性数值 T 为 0.0193。另外,根据表 5-1 可以知道判断矩阵的平均随机一致性数值为 1.24,根据式(5.1)可以计算出判断矩阵随机一致性比率 H 为 0.0155,其数值小于 0.1,因此,认为层次分析排序的结果有满意的一致性,即各指标权重的分配是合理的。

5. 基于层次分析法的计算公式。经过前述研究,运用层次分析法可以对我国各省以及各区域金融发展水平进行评价。计算公式为:

$$D = \sum_{i=1}^{3} S_i \times M_i \tag{5.3}$$

其中,D 是金融发展水平评价指数;M_i 是各评价指标的权重;S_i 是金融发展水平各评价指标数值。值得一提的是,金融发展水平各评价指标数值虽然单位相同(均为%),但是数量级不一致。大体上金融发展规模指标[即金融相关比率（FIR）]的数量级是金融发展效率指标数量级的2倍左右，金融发展结构指标的数量级是金融发展效率指标数量级的1/31倍左右。因此，为了使金融发展水平各评价指标数值具有可比性，就必须统一金融发展水平各评价指标数值数量级。方法是：金融发展规模指标数值乘以1/2，金融发展结构指标数值乘以31，这样金融发展水平各评价指标数值就具有可比性。在此基础上可以得出1990~2015年我国各区域金融发展水平评价结果。我国各区域金融发展水平评价方面与上述评价相似，也是根据式（5.3）进行评价，只是根据各区域包含的省（区、市）的数量对金融发展结构指标的数量级进行调整，这样，也可以得到1990~2015年各区域金融发展水平评价结果。

（三）金融体系对我国区域金融发展水平促进作用的评价结果

根据上述评价过程，可以得到1990~2015年各区域金融发展水平评价结果（见表5-2到表5-3）。

表5-2　　1990~2015年东部、东北部金融发展规模指标、
效率指标、结构指标及综合指标

年份	东部				东北部			
	规模	效率	结构	综合	规模	效率	结构	综合
1990	177.68	94.81	100	138.69	158.47	91.15	0	57.33
1991	182.73	95	100	140.24	161.79	93.73	0	58.6
1992	187.52	92.27	82.93	128.57	188.73	98.91	4.88	81.95
1993	199.26	92.93	73.53	125.12	203.36	102.04	2.94	80.87
1994	195.93	88.2	70.68	121.49	194.39	105.6	4.19	82.28
1995	192.42	87.5	62.38	114.11	192.01	110.11	5.94	87.29
1996	191.37	86.82	56.98	109.67	184.07	105.47	7.1	87.89
1997	201.77	85.63	53.36	109.97	196.83	103.11	8.84	96.74
1998	224.11	80.49	52.29	115.39	207.84	99.89	10.11	103.56
1999	241	79.49	52.16	120.3	221.66	98.45	9.75	106.51
2000	250.87	75.83	54.33	124.54	225.49	94.34	9.39	106.16
2001	279.42	75.65	54.49	133.28	231.11	92.65	10.07	109.73
2002	293.22	75.44	54.86	137.71	240.42	86.02	9.72	110.82
2003	296.12	72.86	54.85	138.31	252.68	84.46	9.47	113.61
2004	284.03	70.21	55.74	135.05	237.56	78.47	8.89	106.68
2005	270.09	68.4	55.56	130.51	217.54	71.71	8.67	99.26

续表

年份	东部				东北部			
	规模	效率	结构	综合	规模	效率	结构	综合
2006	280.33	73.43	56.02	134.48	215.04	67.48	8.14	96.48
2007	272.83	72.38	58.26	133.78	206.27	65.58	7.27	91.01
2008	263.99	70.65	58.95	131.45	214.32	66.51	7.11	93.06
2009	298.6	70.31	59.7	142.45	229.39	66.65	6.72	96.46
2010	300.67	69.48	62.43	145.04	225.12	67.86	6.13	93.52
2011	294.99	69.98	64.4	144.86	206.96	69.2	5.51	86.3
2012	307.49	69.77	64.81	148.92	217.97	70.58	5.62	90.11
2013	312.54	70.56	65.25	149.65	222.65	69.54	5.79	91.65
2014	325.64	69.25	66.54	151.87	221.54	71.25	5.68	92.65
2015	338.54	70.68	66.84	152.04	222.71	71.98	5.82	92.65
平均	247.68	79.85	63.66	130.75	210.58	86.69	6.93	93.65

表5-3　1990~2015年中部、西部金融发展规模指标、效率指标、结构指标及综合指标

年份	中部				西部			
	规模	效率	结构	综合	规模	效率	结构	综合
1990	157.58	94.44	0	57.4	157.75	89.36	0	56.92
1991	163.95	91.99	0	59.07	174.53	92.05	0	62.28
1992	164.63	94.35	4.88	66.86	178.68	92.29	7.32	69.06
1993	156.2	90.5	11.03	73.16	170.85	85.95	12.5	69.93
1994	152.6	92.84	10.99	72.25	179.63	98.49	14.14	75.11
1995	152.98	97.86	13.53	76.7	189.64	99.12	18.15	81.22
1996	139.87	92.59	15.74	75.51	210.44	96.65	20.18	88.78
1997	143.36	96.27	16.37	77.89	212	93.44	21.44	89.87
1998	158.31	100.08	16.04	82.31	216.64	92.84	21.56	91.3
1999	170.19	93.93	15.06	83.8	229.7	90.22	23.03	96.09
2000	175.96	91.74	15.68	86.25	236.23	88.7	20.6	96.08
2001	197.38	90.26	15.14	91.77	247.24	85.71	20.3	98.88
2002	220.22	88.32	15.67	99.27	243.34	83.47	19.75	97.05
2003	223.66	81.73	15.91	100	251.17	80.56	19.77	99.14
2004	203.17	74.8	16.46	93.91	248.47	75.42	18.91	97.15

续表

年份	中部				西部			
	规模	效率	结构	综合	规模	效率	结构	综合
2005	192.59	69.24	16.49	90.18	248.08	72.74	19.29	97.04
2006	199.43	66.25	16.63	92.15	248.38	68.39	19.21	96.62
2007	188.79	63.06	15.88	87.48	242.71	70.27	18.59	94.63
2008	177.55	62.29	15.75	83.8	237.67	70.77	18.2	92.87
2009	211.77	63.08	15.63	94.06	265.65	69.82	17.95	101.04
2010	206.8	64.44	15.02	91.78	268.02	70.63	16.42	100.69
2011	197.66	65.24	15.09	89.22	250.06	71.31	15	94.26
2012	202.24	64.82	14.83	91.93	259.71	71.08	14.75	96.97
2013	205.32	65.35	15.36	90.20	260.24	72.31	15.24	95.32
2014	210.24	66.25	15.62	90.94	261.32	72.51	15.01	96.87
2015	211.32	66.52	15.64	91.05	261.54	72.68	15.28	96.87
平均	181.03	83.61	13.66	83.48	225.65	83.65	16.48	88.59

根据式（5.3）可以得出我国 1990~2015 年各省金融发展水平评价结果数据，再将其中 1990 年、1995 年、2000 年、2005 年以及 2015 年我国各省（区、市）金融发展水平数据列出并且与全国平均水平作比较，其结果如表 5-4 所示。

表 5-4　　几个代表性年份我国各省（区、市）金融发展水平

省（区、市）	1990 年	1995 年	2000 年	2005 年	2015 年	1990~2015 年平均
全国平均	93.09	90.76	105.45	114.94	130.66	107.99
北京	73.99	188.75	244.2	251.77	300.25	226.37
天津	82.01	109.38	100.5	116.62	115.21	111.43
河北	69.98	82.62	94.7	80.98	85.98	81.42
山西	65.31	72.98	117.92	103.85	111.35	96.97
内蒙古	60.32	77.38	83.64	78.7	64.46	73.79
辽宁	59.58	91.47	117.84	115.67	108.35	107.61
吉林	68.55	98.62	104.53	95.71	77.61	89.78
黑龙江	47.58	76.68	95.76	82.97	75.62	78.65
上海	628.8	315.64	221.67	240.07	236.56	296.88
江苏	57.28	106.95	122.29	126.38	164.53	117.68

续表

省（区、市）	1990 年	1995 年	2000 年	2005 年	2015 年	1990~2015 年平均
浙江	176.38	108.35	113.36	148.65	209.23	145.34
安徽	46.35	57.86	79.75	95	104.78	82.08
福建	64.09	83.52	102.51	108.15	113.78	96.87
江西	64.41	73.26	79.05	78.45	84.24	77.26
山东	54.95	73.54	98.14	105.39	124.32	98.49
河南	56.12	80.21	83.64	78.32	82.71	78.21
湖北	63.42	104.94	104.44	111.62	101.12	100.37
湖南	53.48	69.18	75.59	86.81	87.29	77.17
广东	290.52	130.26	201.22	195.97	233.65	195.59
广西	56.98	68.39	80.21	74.96	84.65	75.58
海南	93.52	126.76	130.77	106.67	113.65	123.21
重庆	0	0	102.8	115.33	114.23	104.77
四川	49.49	101.61	129.14	128.22	124.22	114.85
贵州	58.1	77.43	86.74	95.68	99.44	84.81
云南	59.22	89.41	93.81	110.9	111.87	97.09
西藏	83.87	90.42	84.59	85.95	124.22	90.18
陕西	38.45	115.16	114.19	107.06	97.85	93.35
甘肃	72.65	91.67	97.61	93.58	108.86	94.25
青海	81.28	86.12	95.29	91.4	113.32	91.99
宁夏	57.62	78.8	106.99	112.76	103.77	97.27
新疆	77.68	107.5	96.6	92.53	102.25	102.15

从表 5-4 中我们可以看出，总体上，1990~2015 年，无论全国平均水平还是各省（区、市）金融发展水平都是逐年提高的。除此以外，我们还发现，上海市、广东省 1990 年的金融发展水平出奇的高，甚至高于以后历年的金融发展水平。造成这一现象的主要原因是本书采用层次分析法对我国区域金融发展水平进行评价，使用的指标包括金融发展的规模、金融发展的结构以及金融发展的效率三个指标，其中，金融发展的结构是以地区上市公司数量与全国上市公司数量之比（FCR）来衡量。在 1990 年我国上市公司数基本上集中在上海市、广东省，因此，从数据上看，上海市、广东省 1990 年的金融发展水平很高就不足为奇。而且，由于这个原因，我国 1990 年平均金融发展水平也显得比较高。但是，这并不能代表上海市、广东省 1990 年的金融真实发展水平

就很高，我们只能将它作为奇异点来看待。

从表 5-2 到表 5-3 我们可以看出我国区域金融发展的三大特点：第一，总体上，1990~2015 年无论全国平均水平还是各省（区、市）金融发展水平都是逐年提高的。1990~1992 年是例外，因为 1990~1992 年我国的上市公司几乎集中在东部地区，因此，东部地区 1990~1992 年金融发展水平比较高。第二，1990~2015 年任何时期，我国东部地区金融发展水平都远高于其他三大区域。第三，1990~2015 年我国东北部、中部以及西部地区金融发展水平旗鼓相当，但是，1995~2005 年我国东北部地区金融发展水平要高于中部地区和西部地区，2008~2015 年我国西部地区金融发展水平要高于中部地区和东北部地区。在 1990 年、1995 年、2000 年、2005 年以及 2015 年几个代表性的年份，我国东部地区金融发展水平都远高于其他三大区域，也高于全国平均水平。东北部、中部以及西部地区金融发展水平相近，但是，1995 年以后，东北部地区金融发展水平略高于西部地区，西部地区金融发展水平略高于中部地区。值得一提的是，虽然我国东部地区金融发展水平要远高于其他地区，但是，1992~1996 年我国东部地区金融发展水平呈现出降低的趋势。这主要是因为，我们综合了三大指标对我国区域金融发展水平的考察（金融规模、金融结构和金融效率），而金融结构指标采用地区上市公司数量与全国上市公司数量之比（FCR）来衡量。1990~1992 年我国上市公司主要集中在东部地区，此后，中西部地区上市公司才逐年增多，因此，1990~1992 年我国东部地区金融发展水平极高，1992~1996 年呈现出降低的趋势。可以说，1990~1996 年比较特殊。

总体分析结果表明，1990~2015 年无论是全国平均水平还是各省（区、市）金融发展水平都是逐年提高的，1990~1992 年是例外，因为 1990~1992 年我国的上市公司几乎集中在东部地区。在 1990 年、1995 年、2000 年、2005 年以及 2015 年几个代表性的年份，我国东部地区金融发展水平都远高于其他三大区域，也高于全国平均水平。东北部、中部以及西部地区金融发展水平相近，但是自从 1995 年以后，我国东北部地区金融发展水平要略高于西部地区，西部地区金融发展水平要略高于中部地区。事实上，我国东部地区（尤其是东南沿海省份）的金融体系比较完善，金融市场、金融中介以及金融工具发展水平比较高，中西部地区则相对比较弱，这充分表明金融体系对区域金融发展水平具有极大的促进作用。

第六章

中国金融体系创新的 SWOT 分析

目前,随着信息技术以及计算机技术在金融创新中的应用,全球金融体系日新月异。中国的金融体系创新在金融产品、金融制度等方面也取得了突破性进展,但与美国等金融市场高度发达的国家相比,仍然存在很大的差距。加之经济一体化、全球化的推进,外资金融机构不断涌入中国金融市场,为中国金融市场带来先进的管理理念以及金融产品的同时,也冲击了国内金融机构,带来了巨大的威胁,因此,中国金融体系加快创新改革刻不容缓。

一、我国金融体系创新的现状与特点

(一)金融体系创新的定义

金融体系创新是指以盈利为动机并连续不断、缓慢发展的动态过程,是通过增加新的金融工具和变革现有的金融体制来获得潜在的利润。由于现有的金融工具和金融体制相比发达国家还存在一定的差距,比如金融体制的完善程度不够,金融工具的种类也还相对较少,因此,金融体系创新较现有金融体制和金融工具而言,还存在较大的创新发展空间,也能获得更多的潜在利润。金融体系创新的关键在于明确金融创新的目的,即以客户为导向,提供给客户满意的产品和服务,实现客户金融资本价值增值,进而获得更多的收益,当然这就要求金融行业以及金融机构提高其服务能力、管理创新能力及技术创新能力。

金融体系创新主要包括金融环境创新、金融产品与服务创新、金融管理创新以及金融技术创新。金融环境是指各种制约金融服务行业发展的外部因素,主要包括金融行业相关的法律法规以及行业监管、行业关系等,金融环境创新通过发展完善现有的金融业相关法律法规、行业监管等,为金融服务业的发展提供更加稳定的外部环境。金融环境创新是金融体系创新的前提和基础，为金融产品与服务创新、金融管理创新以及金融技术创新创造了条件。金融产品是指金融机构提供给客户的价值的凝聚形态，金融产品和服务创新主要是指提高金融机构的服务能力，开发用于客户投资、避险以及为客户提供更加方便的金融操作的金融工具。值得一提的是，金融产品和服务有别于金融工具。金融产品和服务创新是现阶段金融体系创新的关键。金融管理创新包括金融机构人力资源选拔、培训与开发，以及商业模式和营销管理等各方面的创新。金融管理创新是金融体系创新的保障，通过金融管理创新，有效的人力资源配置可以促进金融产品与服务创新，创新的商业模式及营销方式又为创新的金融产品拓宽了销售渠道。金融技术创新是指将数学和物理的相关工具用于金融行业，包括金融信息技术、对冲技术、未来价值折现技术、互换技术、风险定价技术等，金融技术创新是金融体系创新的动力。

（二）我国金融体系创新的现状

1. 金融体系创新取得突破性进展。近年来，外资银行不断进入中国金融市场与国内金融机构竞争，目前中国十大外资银行包括汇丰银行（中国）有限公司、渣打银行（中国）有限公司、东亚银行（中国）有限公司、花旗银行（中国）有限公司、星展银行（中国）有限公司、恒生银行（中国）有限公司、瑞士银行（中国）有限公司、华侨银行（中国）有限公司、德意志银行（中国）有限公司以及南洋商业银行（中国）有限公司。这些外资银行在金融产品与服务创新、管理创新以及技术创新上领先国内金融机构，虽然目前仍然受到地域和经营范围的限制，还未对中国国内金融机构造成太大的威胁，但随着中国对外资金融机构限制的取消，必将对国内金融机构造成很大的威胁。在这种形势下，外资金融机构倒逼中国金融体系创新以及金融服务深化，使得中国金融体系创新取得突破性进展，主要体现在金融产品、金融制度上。

2. 金融衍生品市场发展成为必然。随着我国经济与世界经济一体化进程的加快，我国金融业逐步对外开放，外资银行不断进入我国金融市场，国外资金流入的规模在不断扩大，随之而来的风险也不断增加，国内企业在参与国际市场竞争的同时，将面临更大的挑战与风险。对金融衍生工具如远期外汇交易、汇率期权、商品期货、外汇期货等具有规避市场风险的金融工具的需求将与日俱增，金融衍生品市场的发展将成为必然。

3. 混业经营的新趋势。尽管目前国内金融行业实行的是分业经营，但已经出现混业经营的新趋势。由于分业经营的局限性阻碍了金融创新，主要表现在内外资金融机构只可以在各自经营的业务范围之内进行各自的创新活动,而随着外资金融机构的不断进入,外资金融机构经营范围及地域的限制放开,国内金融市场的竞争必将愈演愈烈。为了提高竞争力,获得利润空间,突破分业经营的限制、实现混业经营成为必然。

4. 资产和负债类业务创新不平衡。资产和负债类业务创新不平衡是指我国负债类业务创新远远多于资产类业务创新。其中,负债业务创新具有比较明显的计划特征,创新服务的对象是工、农、中、建中央四大行,目的是为国有企业提供融资。资产类业务在 20 世纪 90 年代证券市场出现以后,也主要停留在股票市场,没有形成多元化产品,金融产品结构单一。

5. 金融体系创新的内部驱动不足。目前,我国金融体系创新仍然带着鲜明的计划性,而忽略了金融体系创新的市场性。简单来说,我国金融体系创新的动力主要来源于外部,市场主体的内在动力不足。原因在于我国的金融市场上占绝对优势的是国有四大行,金融体制是占绝对优势的计划体制,因此,我国的金融创新呈现出由上到下推动的特点,并具有一定的强制性。金融创新的成本较高,加之监管过于严厉苛刻,中小投资者进行创新的利益得不到保障,因此,难以发挥市场主体的主观能动性,金融市场主体的内在动力难以被调动。这种金融创新的模式存在许多弊端,包括削弱了市场主体创新的能力以及容易形成市场垄断。

(三) 我国金融体系创新的主要内容

1. 制度创新。我国的金融制度创新包括股份制改革、全能银行制度、用工制度和分配制度方面的创新。首先,国有商业银行进行股份制改革是当前提高竞争能力的战略选择。目前,不良资产的恰当处理问题是国有商业银行改制的关键。匈牙利在进行国有银行股份制改革之前花了 3 年时间来处理不良资产问题,我国国有商业银行也存在同样的问题,在改制过程中妥善处理不良资产会直接影响金融制度创新的进度。其次,全能银行制度是我国金融制度创新的趋势与必然,发达国家通过实行全能银行制度,将银行、证券、保险等进行融合,已经取得了显著的成效。最后,用工制度和分配制度的创新也相当重要,应该把金融机构的经营效益作为核心评判依据,建立适应现代商业银行发展的现代用工制度和分配制度。

2. 体制创新。目前,我国国有商业银行普遍出现经营低效、人员冗杂、机构臃肿、管理技术落后等体制问题。经营低效体现在资产质量不高、不良资产所占银币总资产比率比较高;分支机构设置太多导致人员冗杂、机构臃肿、效率低下等；管理技术落后体现在现有的银行管理体制无法与市场经济相适应。因此，我国国有商业银行的体制创新必须从管理体制上进行创新，提高银行的经营管理能力和技术。

3. 产品创新。近年来，随着我国经济持续高速增长以及国民收入水平的不断提高，国民对于理财投资的热情也逐渐高涨，但是我国金融市场可开展的理财投资业务比较少，中小投资者的投资目标较为匮乏和狭窄。现在对于投资者接受度比较高的投资产品有储蓄、国债、股票、房地产等。储蓄与国债是传统理财项目，具有风险低的优点，但是，在国内持续低利率以及通货膨胀的环境下，储蓄的实际收益率已经为负数，已经进入负利率时代，国债的实际收益率也比较低，越来越多的投资者将目光从储蓄转向到了收益率较高的投资产品上。但是，中国股票市场多数年份持续低迷，虽然经历了 2006～2007 年两年的火爆牛市以及 2014 年底到 2015 年 6 月的牛市，多数年份表现出持续低迷的态势。而且，国内股票市场发展不太规范，股票行情投机成分过大，股市中蕴涵的巨大风险并不完全适合众多的中小投资者。而近年来的热点房地产投资更是对资金门槛有较高的要求，并且最近几年房地产也已经过了最佳投资期，所以房地产并不适合于日常理财。因此，国有商业银行要关注市场发展动向，研究客户需求，进行市场细分，并应用信息技术及计算机技术、数学物理的方法积极探索开发满足客户需求的金融产品，提高自身的竞争力。可以学习西方国家的先进理念，积极探索集团贷款、并购贷款、结构性理财产品、代理保险、支付清算、外汇、租赁与咨询等途径，开发更多的金融产品、理财产品。

4. 服务创新。金融服务创新是金融体系创新的关键，优质的服务赢得客户的重要因素。金融服务创新要以客户为导向，旨在满足客户需求、提高客户的满意度。金融创新的途径包括：通过市场细分，建立具有层次性的客户服务系统；通过市场调查及回访询问客户意见，提高服务质量。与此同时，要积极探索客户需求的变化情况，调整服务的方法，提高客户满意度及忠诚度。随着金融市场的竞争加剧，仅仅通过金融产品的创新，已经不能适应市场的需求了，客户也越来越注重金融服务的质量，因此，金融服务创新也变得尤为重要。

（四）我国金融体系创新的特点

近年来，我国金融体系创新已经取得了突破性的进展，且保持着持续不断发展的状态，但我国金融创新也受到一些阻碍，总的来说，我国金融体系创新主要表现为以下三个特点。

1. 金融创新由政府主导。与西方国家不同，我国的金融体系创新是由政府主导的，主要原因在于我国的金融市场长期以来受政府干预管理，具有明显的计划性，金融结构不健全、市场不完善、金融机构刚刚建立、内部机构不成熟、金融工具简单、竞争并不激烈，加之金融创新的成本较高，管制较严，利润空间较小，小企业是没有金融创新的动力的，金融市场的主观能动性难以发挥，因此，现阶段我国还只能由政府主导金融创新。而西方国家是在完善的金融市场基础上进行创新的，所以西方国家的金融市场可以极大地发挥市场的主观能动性，通过追逐利益驱动金融创新，形成以市场为主导的金融体系创新。

2. 金融体系创新技术含量低。我国自 1979 年开始进行金融改革以来，金融体系创新的范围涉及金融业的各个领域，对金融业发展造成空前的影响。由于我国的金融改革是在一个很低的基础上进行的，必须引进西方国家已有的先进的事物，因此，我国的金融体系创新缺少独创性。虽然金融创新的覆盖范围很广，但是主要通过照搬西方国家的创新模式进行，很难适应中国的金融市场经济的发展。另外，我国金融体系创新的技术含量很低，主要体现在金融创新只注重数量的增长，比如扩展金融业务和增设金融机构，而忽视了金融创新的质量，金融技术创新还停留在很低的水平上。

3. 金融衍生品的创新不太成熟。目前，我国的金融衍生品市场还处于起步发展阶段，金融衍生品的创新大多不成熟。在金融市场发达的国家，金融衍生品市场发展成熟，在金融市场上占有重要地位。因为金融衍生品具有规避金融市场风险的作用，因此，在发达国家金融市场上需求较大。但与此同时，金融衍生品又具有一定的风险性，若金融市场发展不完善、交易程序等不规范很容易引起金融市场的动荡。我国的金融市场还不完善，相关法律法规不健全，所以金融衍生品的创新很难成功。另外，我国金融衍生品市场起步较晚，投资者对金融衍生品的认识还有待提高，一般进入金融衍生品市场的投资者投机性较高，影响了衍生品市场的稳定，不利于金融衍生品的创新。

二、我国金融体系创新的优势（strength）

SWOT（strengths weakness opportunity threats）分析法，是将与研究对象紧密相关的主要的内部优势（strength）、内部劣势（weakness）和外部的机会（opportunity）和威胁（threat）都列举出来，用系统分析的方法，把各种因素进行匹配分析，从而得出相应的结论。本书用 SWOT 分析的方法对我国金融体系创新进行分析，主要分析我国金融体系创新的优势方面，我国金融体系创新存在以下五方面的优势。

(一) 日益完善的相关法律法规

近年来，随着我国金融市场的发展，相关法律法规也日益完善，我国相继出台了《信托法》、《证券公司管理办法》、《银行间中间业务管理办法》，这些相关法律法规的出台为金融体系创新提供了立法保障，同时也增加了投资者的信心。与此同时，自2004年颁布《金融机构衍生产品交易业务管理暂行办法》实施以来，我国一些新的金融产品不断涌现，也加快了金融体系创新的步伐。

(二) 分业经营向混业经营发展的趋势

目前，我国主要采用分业经营的方式，金融机构的监管也是分业监管，但世界大趋势是混业经营。分业经营下银行、证券、保险等业务相互分离、各自经营，虽然各自有专攻，监管也相对方便，但同时也存在很多问题。一方面，银行、证券、保险相互分离，证券、保险等金融机构难以利用银行的资金优势，同时，银行也不能利用证券进行业务扩展，实现全能银行，这种分业经营、分业监管的制度使各项业务之间互相分离、难以实现优势互补，而且造成机构臃肿、人员冗杂，难以使资源得到有效配置。另一方面，混业经营通过整合银行业务、证券、保险等业务，使国内银行向全能银行发展，提高了国内银行的竞争力，也有利于国内银行在国际市场上与欧洲业务齐全的大型全能银行进行竞争。总的来说，混业经营的项目多样，规模效率高，容易形成规模经济，同时，混业经营将风险分散于多种业务，金融环境适应能力强，调整灵活，且金融创新的空间很大。

(三) 金融业全球化进程加快

随着金融业全球化、一体化进程的加快，外资金融机构进入我国金融市场，一方面，外资金融机构的进入为我国金融市场的发展注入了新鲜血液，带来了先进的管理理念和技术，在金融创新上也起到了模范效应；另一方面，外资金融机构的进入也加剧了国内金融市场的竞争，我国金融市场的存量很大，发展空间也很大，这成为吸引外资金融机构进入的主要原因，外资金融机构有着先进的管理技术，创新能力强，而我国金融机构由于是在不完善的金融市场上建立的，创新能力相对较弱，金融技术及金融管理方面也不如发达国家，随着同外资金融机构的竞争加剧，必将倒逼国内金融机构进行深化改革，在金融机制、金融产品和服务以及金融技术方面将得到全面的提升。同时，竞争造成的优胜劣汰也有利于我国金融市场的资源得到有效配置。

（四）市场环境逐步具备

我国的金融体系产生于不完善的金融市场，同西方国家有很大的差距，西方国家的金融体系产生于相对完善的金融市场，所以西方国家的金融市场是市场主导型的，市场环境相对稳定，相关法律法规比较完善。随着对金融创新的认识加深，我国也比较重视金融市场的稳定性、安全性。近年来，我国金融市场环境逐步具备，相关法律法规相继颁布，为金融市场的发展提供了安全稳定的市场环境。有了立法保障，金融体系创新也将进入新的阶段，促进了银行间市场产品、抵押担保产品、股票指数期权、期货以及可转换债券等产品的创新。

（五）具有良好的客户基础

客户的专业素养也是影响金融创新的重要因素之一。随着科教兴国战略政策的实施，我国整体国民素养以及文化水平有了明显提高，进入金融市场的客户的相关金融知识也有了很大的提升，这为我国的金融创新提供了广泛、良好的客户基础。主要体现在两个方面：在间接融资市场上，客户盲目贷款的比例有所下降，客户会仔细考虑贷款资金的使用成本以及使用效率，同时，客户逃避债务的比例也出现下滑，主要是因为现在的客户其专业素质有所提高，贷款使用效率高；在直接融资市场上，客户的行为已经由投机开始转向回归基本面，开始注重金融产品的个性化特征。

三、我国金融体系创新的劣势（weakness）

（一）金融体系创新的内在动力不足

我国金融体系创新最大的问题在于缺乏内在动力，即没有发挥市场的主观能动性，没有竞争的压力和追求利益最大化的动力，主要原因在于四大行的性质属于国家所有，为国家实行某些政策提供相应的资金，在金融市场上占有垄断地位，就算国有四大行经营不善、业绩不佳也不会有倒闭的风险。长期以来，国有四大行依靠这种垄断地位牟取暴利，而其他商业银行根本无法与其进行竞争，所以国有四大行根本没有进行创新的动力。而一般商业银行由于规模小，所占的市场份额也少，所赚取的利润与国有四大行相比简直微乎其微，就算想进行创新提高自身竞争力也承担不起创新的高昂费用。因此，我国的金融市场的原动力不足，难以通过竞争以及利益驱动来发挥市场的作用，只能由政府主导金融创新。

（二）金融体系创新的外部条件不成熟

金融体系创新的发生至少需要两个方面的条件：一是金融管制的放松。只有放松管制，才能使金融体系创新有广阔的发展空间，创新才有可能。西方国家金融管制较松，金融创新也较多，尤其是欧洲国家的混业经营模式较为典型，欧洲的全能银行业务齐全，在国际金融市场上也处于优势地位，这就得益于欧洲国家金融管制的放开，全能银行将银行业务、债券业务等综合到一起，不仅提高了自身的竞争力也为金融创新提供了广阔的空间。我国虽然近年来已经放宽了金融监管，但监管力度仍然很大，比较突出的是我国仍然采用分业经营、分业监管的制度，这种制度在很大程度上限制了金融创新。二是公平竞争的市场。垄断是创新的天敌，没有竞争便没有创新的外在压力。我国比较突出的是一般商业银行与国有四大行之间存在不公平的竞争。这种不公平竞争会导致金融创新的内在动力不足，严重影响金融创新的进程。

（三）金融工具品种少

相比发达国家，我国的金融工具品种相对较少，进行投资的选择也较少。我国金融机构更注重负债类的业务创新，而忽视资产类业务创新。主要原因在于我国的金融机构如银行往往更加注重吸收存款，由此产生规模效益，加之负债类业务属于买方市场，竞争激烈，所以国内金融机构都在负债类业务上进行创新，争取更多的存款，以便占有更多的市场份额；而贷款则属于卖方市场，相对竞争较小，所以金融机构也没有进行创新的动力。由此，金融创新工具仅限于负债类业务，创新范围受到局限，创新的金融工具也较少。

（四）金融技术创新不足

以计算机技术和通信技术为代表的新技术的广泛应用是金融机构进行金融体系创新的技术保障和关键。我国的金融技术创新还处于初级阶段，与发达国家相比还存在很大的差距。原因包括：金融技术创新投入成本较高，我国大多数金融机构只是肤浅地学习西方国家金融创新的模式，只是照搬很多简单易行、浅显易懂的创新方法，不会进行金融技术创新。另外，金融创新对科学技术要求较高，我国比较缺乏金融工程类的顶尖技术人才，所以我国的金融技术水平还很低下。而且，国家对金融技术创新的重视程度不够，扶持力度不够，对相关金融机构科研资金投入太少，也是我国国内金融技术创新能力薄弱的原因之一。

（五）金融秩序不规范

由于我国的金融发展模式存在特殊性，是先实践后监管，这种模式带来弊端在于许多投机分子会钻政策的空子，在监管还未实施的时候，进行投机活动，导致金融秩序极其不规范。例如，金融机构盲目提高和变相提高存贷款利差，证券公司通过各种渠道将大量银行资金引入股市，挪用股民保证金等违规操作，扰乱了金融秩序，不利于金融监管。另外，在金融衍生品市场上，也存在类似的问题。创新的金融衍生品在中国金融市场上还属于新宠，金融衍生品市场发展也还不成熟，许多投机客户会利用衍生品市场秩序的不规范，进行违法操作，扰乱交易秩序，影响金融市场的稳定，不利于金融体系创新的发展。

四、中国金融体系创新面临的机遇（opportunity）

我国的金融体系创新始于20世纪60年代初，虽然起步较晚，但创新成果显著。随着全球金融市场一体化的推进，以及国内深化金融体系的要求，金融体系创新也面临着新的发展机遇。

（一）产业结构调整的需要

我国进行产业结构调整，给金融体系创新带来了新的发展机遇。近年来，随着产业结构的调整，我国产业结构由一二三产业向二一三产业再向三二一产业调整的趋势，实现劳动密集型产业向资金、技术密集型产业的结构调整。由此，对金融机构的服务要求也产生了变化，金融机构服务的对象、层次也发生了变化，体现在不同性质的企业对资金需求不同，带有鲜明的个性化特征。如现在服务业发展迅速，各类服务性质的企业由于规模大小不同、所处的发展阶段不同对资金需求也大相径庭，对金融创新的需求也相对旺盛，创新空间也较大。

（二）国有商业银行向现代商业银行转变的需要

金融体系创新促进了国有商业银行向现代商业银行转变的进程。国有四大银行向现代商业银行转变的进程一直很缓慢，主要原因在于国有四大银行长期以来为政府的相关政策提供资金保障，且四大银行长期以来在金融市场上占据了垄断地位，获取暴利，所以缺乏竞争的动力；缺乏责任感，所以不良资产所占比率相对较高，这也成为国有商业银行转轨的主要障碍。金融体系创新为国有四大银行转轨提供了新的思路，比如分业经营向混业经营转变，通过综合银行、债券、保险等业务，将各项业务优势互补，同时，通过混业经营也使各机构之间竞争加剧，有利于形成现代商业银行。

（三）深化金融改革的需要

金融体系创新与突破计划金融体制实现社会主义市场金融体制的政策相吻合，顺应时代发展潮流，将得到政策资金的有力支持。由于历史原因，我国的金融体系存在明显的计划性。然而，这种计划金融体制已经不能与我国的社会主义市场经济相适应，实践证明这种计划金融体制存在诸多弊端，比如监管过于严苛阻碍了金融创新的进程和发展，国有四大银行的垄断加剧了市场的不公平竞争等。所以深化金融改革是大势所趋，而金融创新则为深化金融改革提供了动力。

（四）金融机制与我国社会主义金融市场相适应的需要

金融创新是我国金融市场融入世界金融市场的必要手段。随着我国金融市场的逐步放开，外资银行的进入对我国金融机构带来了冲击，我国银行也走出国门，面对世界金融市场的激烈竞争，金融创新是提高我国金融机构竞争力的必要手段。通过金融创新，加速金融改革，使我国金融体系逐步完善，使金融机制与我国社会主义金融市场相适应。

（五）互联网金融发展的需要

互联网、大数据、云计算、移动互联等信息技术为互联网金融的创新准备了条件。信息技术催生了电子支付的专业化趋势，金融电子商务蓬勃发展，金融业务产品化现象越来越普遍。互联网金融的成本较低，交易双方无须通过中介，省去了中介费用，如P2P模式的网络借贷平台，借贷双方通过网络平台自行进行信息匹配，完成交易；互联网金融还具有效率高的特点，交易双方无须排队等候，因为操作流程由计算机进行，程序标准，如阿里小贷通过电商积累的数据库，引用资信调查模型，一笔交易从申请到发放贷款只需要短短的几秒钟时间，据统计，阿里小贷平均每天就可以完成一万笔交易，极大地提高了效率；互联网金融的覆盖面很广，由于依托移动互联网，突破了传统金融地域和时间的限制，客户基础更加广泛。此外，互联网金融突破传统金融的一个服务盲区就是服务对象可以是小微企业客户。互联网金融的发展也特别迅速，拿余额宝的发展来说，上线仅仅18天，便有了250多万的用户，目前，转入资金已达到500亿元的规模。信息技术还催生一站式金融服务和金融混业发展，激发金融资产的账户集成和一站式综合理财需求，金融机构需要打造综合业务数据平台。

（六）有效利用金融资金的需要

金融体系创新有利于提高资源配置效率。金融体系创新通过创新金融产品可以极大地提高融资效率、资金流动性和社会资金使用效率。一方面，金融体系创新通过产品、服务以及技术创新创造了更多的金融产品以及更多的渠道，比如通过互联网进行金融交易，给金融市场注入了活力，也为投资者提供了更多的选择，提高了融资效率，优化了资源配置；另一方面，我国的金融市场存量巨大，但是金融市场结构畸形，很多资金未被合理有效地利用起来，导致了巨大的浪费，但金融创新通过许多个性化金融产品的设计，可以有效地利用这些资金，从而提高资源的配置效率，提高社会总效用。此外，金融体系创新通过金融体制创新也有利于金融人力资源的有效配置。具体来说，由分业经营向混业经营的改变可以有效解决我国金融机构臃肿、人员冗杂的问题，提高人力资源的使用效率。

（七）促进金融业务迅速发展的需要

金融体系创新的兴起和发展，使得金融之间的竞争日趋激烈，贷款质量普遍下降，银行收益出现了不同程度的下降。因此，积极探索创新金融产品增加收益同时躲开金融监管便成为金融机构在激烈竞争中提高竞争力的重要手段。对于银行来说传统存贷款业务的创新空间较小，且监管力度较大、竞争相对激烈、利润空间也逐渐缩小，而银行中间业务竞争压力较小，创新空间较大，收益也较多，且监管相对较松，银行则通过创新银行中间业务产品来谋取利益。所以金融创新促进了金融业务的发展，使国内金融机构的业务范围扩大、利润提高。

五、中国金融体系创新遭遇的威胁（threat）

（一）金融体系创新使金融监管难度增大

由于金融产品服务和技术的创新，创造了不少新的金融产品，也改变了传统的金融交易渠道和方式，我国一向是先实践后监管，对于新的金融产品，金融监管存在一定的滞后性。加之金融创新产品的种类、性质等在时间阶段很难定性，监管难度相对较大。就互联网金融创新产品 e 租宝来说，从 2014 年 7 月 21 日上线到 2015 年 12 月 8 日，e 租宝平台的投资总额超过了 750 亿元，到 2015 年 12 月 16 日，e 租宝涉嫌犯罪，被立案侦查。e 租宝平台的产品有 6 款，包括 e 租年丰、e 租年享、e 租稳盈、e 租富盈、e 租财富和 e 富享。e 租宝在一年半内非法集资 500 多亿元，31 个省（区、市）有 90 多万投资受害人。e 租宝为何能造成如此大的社会影响呢？一方面在于 e 租宝打着网络金融的旗号，在各大卫视进行宣传，如东方卫视、湖南卫视、浙江卫视等全天播放 e 租宝的品牌宣传片，各大高铁车站、写字楼也都打满了 e 租宝的宣传广告，形成了巨大的品牌效应，且投资者对于低风险高收益的追求，e 租宝的收益比余额宝的收益高了 5 倍，年收益率最高达到 14.6%，且 e 租宝还有可提前支取的特点，使广大投资者被骗。像此类互联网金融创新产品的监管难度是相当大的，现有金融监管的主要监管范围仍然集中在传统金融产品上，监管条例等还不适用于新型创新金融工具，尤其是创新互联网金融产品。

（二）金融体系创新也伴随着新的金融风险

众所周知，金融工具本身具有以小博大的特点，具有杠杆性、风险性。而创新金融工具多应用了高新技术，杠杆性更强，风险更大。如全能银行的创新虽然提高了金融效率，优化了资源配置，但业务综合也可能带来新的风险，由于业务之间相互融合，可能形成风险的传递，最后风险会像滚雪球一般堆积，有可能爆发金融危机。又比如金融衍生品市场上的各类产品虽然有降低市场风险的作用，但若交易不规范也会引发操作风险和市场风险。

（三）金融体系创新可能引发金融泡沫

金融泡沫的形成过程是：经济高速发展—乐观预期—金融资产价格上升（资产效应）—消费投资增加（伴随投机加大）—泡沫产生，膨胀—国家采取紧缩性的政策—悲观预期—泡沫破灭—金融资产价格下降（资产效应）—消费投资下降—滑入"流动性陷阱"。在泡沫经济期间，在经济繁荣的掩盖下，大量的过剩资金流向了股市等带有强烈投机性质的虚拟金融经济领域，而对实体经济的设备投资大大减少。具体来说，由于金融体系创新带来了新的利润增长点，加之金融监管的力度较小，许多投资者伺机进行投机活动。集中体现在互联网金融市场和金融衍生品市场上，许多投资者利用这些监管盲区进行大规模的投机活动，谋取利益。这种投机行为不仅影响了金融市场的稳定，同时由于资金的不合理流向，可能形成金融泡沫。金融泡沫破灭后，由于股票等金融产品成本暴跌，居民和企业的资产大打折扣，社会投资需求也随之下降。

（四）金融体系创新对金融稳定性会产生负面影响

金融体系创新推动了金融市场的发展，使金融市场体制更加完善，增加了金融产品种类，提高了金融服务质量、金融管理理念，对于深化我国金融改革起到了重要作用，但是，任何事物都具有两面性，金融体系创新也对金融稳定性产生了负面影响，主要体现在以下三个方面。

1. 金融体系创新影响金融市场稳定性。目前的金融体系创新为投机活动创造出了很多影响市场稳定性的先进手段。金融创新产品有别于传统金融产品，相关监管条例还不适应于创新产品，投资者可以巧妙地利用监管盲区进行投机活动牟取暴利，引起金融市场的不正常波动，破坏金融市场的稳定。

2. 金融体系创新容易引发全局性的金融风险。金融体系创新推动了全球金融市场一体化和资本流动全球化的进程，同时也使金融风险由局部风险向全国金融市场和全球金融市场传递。金融体系的创新使国内各个金融机构之间、全球各个金融市场之间、全球各个金融机构之间的联系也会越来越密切，金融风险的传递范围更加广泛、传递速度也更快，造成的危害也就更大。

3. 金融体系创新使监管效率降低。金融体系创新通过对金融产品、服务、金融体制、金融管理和金融技术各方面的创新，产生了许多新的金融产品，如互联网金融的创新产品、支付宝、余额宝、借贷宝等，由于其产生的特殊性，金融监管难度特别大，监管效率也极低。金融体系创新的动力是追求利润和逃避监管，由金融体系创新开发更多逃避监管的渠道和产品，在一定程度上不利于金融市场的稳定。金融监管是金融市场稳定的保障，金融体系创新通过逃避监管，对金融市场稳定性造成了负面影响。

六、金融体系创新在推动金融产品发展方面的作用——以结构性理财产品为例

金融体系创新是金融市场深化改革的必然选择，对于我国金融市场更好地融入世界金融市场有极大的推动作用，对于现代经济社会具有突出的作用和意义。金融体系创新使金融在现代经济中的重要程度越来越大。现代经济的一个

显著特征是金融在经济中占有核心地位，为经济社会提供了金融便利，使社会金融资金得到合理利用，投资融资效率得到极大提高，优化了社会资源配置。金融体系创新对金融市场各个层面进行完善，创造了更多的融资渠道，使社会金融资源的利用空间极大地增大，使我国存量巨大，但结构畸形的金融市场更好地服务于现代经济。金融体系创新促使我国金融机构实现多元化，我国银行从单一银行发展到集存款性、投资性、政策性和契约性于一体的多元化金融机构，这是我国金融创新的一项重大成果。通过金融机构多元化并购，产生规模效应，降低成本，增加了利润。由单一银行向多元化金融机构的转变，为金融创新提供了更为广阔的平台，各种金融创新的工具也使多元化的金融机构的聚资能力大大增强，资本存量大大增加，资金流动速度大大提高，金融机构的信用创造功能更好地发挥，效率大大提高，提高了盈利空间，促使金融机构开发出更多的金融产品。因此，金融体系创新丰富了金融产品种类，增加了投资者的选择。金融体系创新在推动金融产品发展方面扮演着尤其重要的作用。结构性理财产品在我国的快速发展就是金融体系创新的一个活生生的例子。

（一）结构性理财产品的含义及分类

对于结构性理财产品，美国经济学家 Satyajit Das（2001）将其定义为"Strucutre note is a security that combines of the features of a fixed income instrument with the characteristics of a derivetive transaction"，也就是说，Satyajit Das 认为结构性理财是在固定收益的存款或者证券的基础上内嵌金融衍生品（期权、期货、远期）的金融产品。

学者们一般认为，结构性理财产品是运用金融工程技术将存款、零息债券等固定收益产品与金融衍生品（如远期、期权、掉期等）组合在一起，从而使投资者在承受一定风险的基础上，获得较高收益的一种新型金融产品。结构性理财产品实际上是将固定收益证券和金融衍生品融为一体的新型金融产品，其主要特征是其收益一部分固定，另一部分由挂钩标的资产的表现所决定，从而达到在一定程度上保障本金并且获得较高投资收益率的目的。结构性理财产品的出现并不是为了追求高的收益，而是为了规避美国金融业的监管和合理避税，后来，由于结构性理财产品灵活的设计机制满足了各类投资者对风险收益的需要，才得以推广和发展。结构性理财产品业务已经成为当今国际上发展最迅速、最具潜力的业务之一。结构性理财产品的回报率通常取决于挂钩资产（挂钩标的）的表现。结构性理财产品按挂钩标的资产的类型可分为利率挂钩型、汇率挂钩型、股票挂钩型和商品挂钩型。

1. 利率挂钩类结构性理财产品。利率挂钩类结构性理财产品，顾名思义，这类产品的收益与利率挂钩，这里的利率不是银行存贷款利率，而是指伦敦银行同业拆借利率和国库券利率。农业银行发行的"金钥匙如意"系列投资产品，平安银行发行的结构类挂钩利率TLG160248等，都属于利率挂钩类理财产品。

由于我国商业银行发行的利率挂钩类产品90%以上都是与伦敦银行同业拆借利率挂钩的，而伦敦银行同业拆借利率是比较稳定的，一般变化不大，不会有大起大落，所以与利率挂钩的产品的特点也比较稳定，这样的结果就是，这类理财产品的风险比较低，但同时收益也不会太高。举例来讲，同一银行如平安银行发行的利率挂钩结构性理财产品TLG160248和股票挂钩的理财产品TLG160260相比较，挂钩利率的TLG160248的预期收益率最高为3%，挂钩股票的TLG160260预期收益率最高为4.8%，两者均属于保本收益型，但挂钩股票的最低年化收益率为0.5%，挂钩利率的最低年化收益率为1.3%。

2. 汇率挂钩类结构性理财产品。汇率挂钩类结构性理财产品的收益率不仅由这类产品的挂钩的一组或者多组汇率的走势决定，还与这类产品的设计结构有一定的关系。

农业银行发行的金钥匙如意美元、日元区间计息型人民币理财产品，平安银行发行的财富结构类（100%保本挂钩汇率）资产管理类人民币理财产品TLG150484、TLG150503、TLG150561、TLG150397等都属于汇率挂钩类结构性理财产品。

3. 股票挂钩类结构性理财产品。股票挂钩类结构性理财产品，顾名思义，也就是这类理财产品挂钩的标的物是一组股票或者多组股票的股票篮子，收益取决于股票的表现。同时，股票挂钩类结构性理财产品很不平稳，受股市的影响波动较大。

汇丰银行发行的"汇享天下——一年期人民币结构性投资产品EQ8A514"，平安银行的"财富结构类（100%保本挂钩股票）资产管理类理财产品TLG150327""财富结构类（100%保本挂钩股票）资产管理类人民币理财产品TLG150383"、广发银行发行的"欢欣股舞人民币理财计划ZZGYCA0128"等都属于股票挂钩类结构性理财产品。

4. 商品挂钩类结构性理财产品。商品挂钩类结构性理财产品是指运用金融工程技术设计的结构性理财产品收益率取决于大宗商品，如黄金、石油、粮食等价格的变动。由于挂钩黄金的理财产品的操作比石油和粮食等大宗商品方便，同时比石油、粮食等大宗商品，投资者对于黄金的信心更强，所以挂钩黄金的较多，大约为 70%。商品挂钩类结构性理财产品在结构性理财产品中所占份额较少，从 2004 年以来发行总量比例不超过 10%。

（二）结构性理财产品的产生与发展

金融体系创新如互联网金融创新，通过借助移动互联网、大数据、云计算等突破了传统的时间和地域限制，不仅增加了金融产品种类，而且为投资者提供了便利，同时网络平台以及先进的计算机技术也使投资者的选择更加合理、理性。结构性理财产品的产生与发展，就极具代表性。

从 1880 年世界上第一份复合投资工具出现开始，结构化金融产品逐渐走进投资者的视野。但是，直到 20 世纪 70~80 年代，现代意义上的结构性理财产品才真正在美国诞生。初期较著名的结构性理财产品包括 1986 年 8 月所罗门兄弟公司发行的 S&P500 指数联动次级债券（SPIN）；1987 年 3 月大通银行发行的市场指数联动存单（MICD）等。结构性理财产品的出现并不是为了追求高的收益，而是为了规避美国金融业的监管和合理避税，后来由于结构性理财产品灵活的设计机制满足了各类投资者对风险收益的需要，才得以推广和发展。20 世纪 90 年代是结构性金融产品的爆发式增长期，结构性金融产品开始在欧洲市场广泛流行。近些年来，结构性金融产品在欧洲更是得到前所未有的发展。据欧洲 SPA 网站上公布的数据显示，结构性金融产品近五年来经历了显著的发展，仅仅在英国就有 420 亿美元的资金投资此类产品，他们的研究显示，结构性金融产品已经不再是金融圈内专业人士参与的精英游戏，而是成为普通大众可选择的投资渠道之一。他们的研究报告还指出，风险承受能力较低的退休老人也把结构性金融产品纳入了投资范围，成为替代传统金融产品的选择。90 年代末，结构性金融产品逐渐流行于亚洲一些市场（如新加坡、韩国、中国香港）。这些亚洲和欧洲市场都紧跟着美国市场发展的步伐，都相继出现了具有各自特点的结构性理财产品，并得到快速发展。

我国结构性理财产品最初进入投资者的视野是以外汇结构性存款的形式，由于其独特的风险收益特征，一经推出便发展成为商业银行理财业务中最为活跃以及最具创新能力的领域。我国结构性理财产品萌芽于 2003 年初的结构性外币存款，2003 年我国开始实施宽松的个人购汇新政策，居民个人外汇存款开始增加。外资银行抓住这一商机，最先推出与外汇挂钩的结构性理财产品。以外汇产品见长的中国银行紧随其后，在当年 10 月推出"汇聚宝"系列外汇结构性理财产品，开创了中资银行涉足这一类型理财产品的先河。但是，当时结构性的理财产品并没有被大家高度关注，当然也没有所谓的爆发式的增长态势。2004 年颁布的《金融机构衍生产品交易业务管理暂行办法》，才使结构性理财产品的发行有法可依、有章可循。2006 年恰逢全球股票市场、商品市场"大牛市"行情，国内各家银行争相推出与股票、指数、商品价格等标的挂钩的产品，国内银行的结构性理财产品进入迅速发展时代。从 2007 年到现在，产品数量激增，参与机构众多，投资群体也日渐广泛，国内银行结构性理财产品的发展速度已经不能小觑。

与此同时，结构性理财产品的迅速发展也带来了结构化产品市场的快速发展。结构化产品市场的发展，主要可以分为两个主要阶段：传统型结构化产品的发展和现代型结构化产品的发展。传统型结构化产品由来已久，主要包括可交换证券、可转换债务、含股票认股权证债务等；而现代型结构化产品兴起于 20 世纪 80 年代中期的美国市场，以收益挂钩于标的资产为主要特征，其中代表性产品有 1986 年所罗门兄弟公司发行的 S&P500 指数联动次级债券（SPIN）、1987 年美林证券发行的指数流动收益选择权债券（SIGN）等。20 世纪 90 年代末，在金融衍生品创新加快的情况下，通过嵌入金融衍生合约，增加产品收益率的结构化产品快速发展，结构化产品市场愈加多元化。

但值得注意的是，我国结构性理财产品的收益则较难与国外银行发行的同类产品相比较。结构性理财产品的设计运用了复杂的现代金融工程组合、分解技术，结构复杂，产品定价同时涉及了固定收益产品定价和金融衍生品定价两个方面，一般投资者很难真正了解其产品特性、构架、收益和风险等，也很难根据宏观经济运行的实际情况选择适当的产品进行投资。此外，国内银行由于缺乏国际市场经验和金融衍生品设计、定价的专业人才，在结构性理财产品的实际操作中多是与国外银行进行合作，并运用国外银行的设计思路及定价模型。或者干脆直接由国外银行设计产品，并且进行产品定价，然后由国内银行对产品进行销售。一方面，国内银行由于对结构性理财产品的定价模型不了解，在进行具体产品设计及定价时受制于国外银行，无法针对宏观经济运行的实际情况推出适当的理财产品；另一方面，国内银行一般处于产品链的中下游，在激烈的竞争中当然会处于非常不利的竞争地位，且国内银行对产品的风险也难以界定与掌控。总的来说，国内结构性理财产品仍处在萌芽阶段，远不及欧美国家成熟和普及。目前，在经营结构性理财产品的众多国内外银行中，外资银行因为自身得天独厚的外资背景，比起中资银行，在经营结构性理财产品方面具有很大优势。这些是我国结构性理财产品在发展过程中应该注意的问题。

（三）结构性理财产品的发行情况

2004 年开始实施《金融机构衍生品交易业务管理暂行办法》，这是中国金融衍生品的一个重要里程碑，由此，金融衍生品的合法地位开始确立，我国商业银行结构性理财产品也应运而生。随后几年，银监会又继续出台了相应的规定，进一步规范了商业银行结构性理财产品。随着相关法律法规的完善，我国商业银行结构性理财产品发行总量不断扩大，偶尔有较小的回落。据银率网数据整理得出，截至 2015 年 12 月底，我国 32 家商业银行发行的结构性理财产品已达到 16592 款，相比 2004 年刚开始发行的 84 款结构性理财产品，总量增加了约 197.5 倍（见表 6 - 1）。

表 6 - 1　　　2004 ~ 2015 年 32 家商业银行发行结构性理财产品数量

年份	2004	2005	2006	2007	2008	2009	2010	2011	2012	2013	2014	2015
数（款）	84	196	259	667	656	615	844	1357	1800	1940	4360	3754

资料来源：银率网。

由表 6 - 1 可以看出我国 32 家商业银行的结构性理财产品的发行量整体呈现上升趋势。原因大致归纳为四点：第一，相关法律法规的不断完善，保障了结构性理财产品的发行、实施、扩大，2004 年以前，金融衍生品在我国金融市场上的地位还未被合法化，2004 年国家颁布条例使金融衍生品合法化以后，相继又推出了各种法律法规，结构性理财产品的发行得到保障与规范，发行数量不断增加；第二，由于与外资银行的竞争不断加剧，商业银行自身也开始了对理财产品的开发；第三，由于 P2P 网络借贷平台的不断发展，商业银行传统存贷业务利润不断被压榨，由于利润空间的缩小，商业银行开始了对中间业务的开发，因此，对结构性理财产品的开发、设计以及推广力度都有所加强；第四，金融工程技术也在不断地发展中，结构性理财产品的设计不断趋于合理化，数量规模也趋于上升。

2004 ~ 2007 年，我国 32 家商业银行结构性理财产品不断增长，2006 年发行的数量为 259 款，到 2007 年发行数量为 667 款，增长约为 2.6 倍。2008 年及 2009 年发行数量出现小幅回落，原因在于受到 2008 年国际金融危机的影响。不仅结构性理财产品发行数量缩水，非结构性理财产品的发行数量也出现逆增长，理财产品发行出现整体下行趋势，这种趋势全球大部分国家都相似。在经济大环境整体萧条的情况下，金融理财产品也不能幸免。

2014 年发行数量从前一年的 1940 款暴增到 4360 款，是 2013 年结构性理财产品发行数量的 2.25 倍。2014 年第二季度及第三季度我国商业银行的结构性理财产品的发行量都达上千款，分别是 1350 款和 1407 款。

原因在于 2014 年银行理财方向的转型以及利率市场化的不断推进。银行理财方向的转型原因在于受到互联网金融的冲击，利润空间被压缩，所以通过向理财产品这样的中间业务拓展，以谋求更多的利润。另外，随着利率市场化进程的不断加快，资金的趋利性使银行不得不进行调整，结构性理财产品的预期收益率普遍较高，较之传统存款利率，有的甚至高出几倍，结构性理财产品很好地满足了资金的趋利性，所以市场的需求增加，银行理财方向也随之改变，主要表现在 2014 年国有商业银行以及大型的一些股份制商业银行也都紧跟市场方向变化，具体体现在结构性理财产品的设计和发行数量较之以前都出现了很大的增长。

2015 年 32 家商业银行结构性理财产品的发行数量与 2014 年相比略有回落。当时专家学者预测 2015 年结构性理财产品的发行数量将会进一步增长，或者说再一次暴增，然而，结果却并非如此。原因在于 2014 年我国商业银行发行的结构性理财产品数量较多，但金融工程技术却并没有大幅提升，技术增长落后于数量的暴增，导致许多新开发的结构性理财产品出现收益不达标，于是 2015 年结构性理财产品的发行数量出现回落。

总之，经过数十年的发展，在金融创新体系的推动下，结构性理财产品在产品的形式上日益多样化，在产品的结构上日趋复杂灵活，结构性理财产品市场也获得了较快的发展。结构性理财产品及其市场的快速发展也进一步推动了金融体系的创新。除此以外，在金融体系创新的推动下，其他类型金融产品也快速发展，共同丰富与完善了我国金融产品体系。

七、关于我国金融体系创新的建议

（一）继续加强政府引导与支持

目前，我国的金融市场上各金融机构之间的竞争还不够激烈，追求效率和规避风险的内部创新需求并不强烈，这就是证明单靠市场的引导，自发地进行大规模、深层次的金融体系创新是不现实的。也就是说金融创新内部动力不足，这就必须继续加强政府引导与支持，用财政政策、货币政策及其他宏观调控措施，对金融机构进行引导与支持。以此提高金融市场上各金融机构之间竞争的激烈程度，提升各金融机构追求效率和规避风险的内部创新需求，形成金融机构进行金融体系创新的外部压力。

（二）创新内容要与我国国情相适应

我国的金融体系是服务于社会主义市场经济的，有别于服务于资本主义市场经济的西方国家金融体系。盲目照搬西方国家的金融创新方式方法可能得不偿失，因此，在借鉴西方国家金融创新的同时，必须考虑我国的基本国情，要进行有中国特色的社会主义市场经济的金融体系创新，特别是要创造出与社会主义市场经济相适应的金融产品，以更好地服务于社会主义市场经济，更好地满足我国广大老百姓的实际需求。

（三）注重金融创新的数量与质量

我国现有的金融体系创新重点放在易于掌握、便于操作、科技含量小的外在形式的建设上，如金融机构的增设、金融业务的扩展等，而金融体系创新的主体素质不高、创新的内容比较肤浅，创新的手段也比较落后。因此，在注重金融创新数量的同时，要加强金融创新的质量，特别是注意引进和开发先进的金融技术，提高金融创新的科技含量。

（四）培育竞争性的金融市场，激活金融体系创新的外部环境

逐步放开我国对外资银行经营业务和地域的限制，培育竞争性的金融市场，发挥鲶鱼效应，通过加强竞争，提高我国国内金融机构的竞争力。通过激活金融体系创新的外部环境，刺激国内金融体系创新。由于国内金融机构之间的竞争不够激烈，导致金融创新缺乏应有的动力，通过外部刺激，加剧国内金融市场的竞争，优胜劣汰，倒逼金融体系创新。

（五）加强金融体系创新的力度，大力发展金融技术创新

我国金融体系创新与发达国家金融创新还存在很大的差距，要加强金融创新的力度，提高我国金融市场的竞争力。要继续坚持发展资本市场，改进传统的间接融资方式，设计新的贷款品种，要加大科技投入，提高技术创新的科技含量，充分发挥创新产品的经济效益。科学技术是第一生产力，要重视金融技术创新在金融创新中的作用。由于我国金融市场的完善程度不够，金融技术也还远远落后于西方国家。现阶段，我国应该加强扶持金融技术创新，培养金融技术创新人才，引进西方先进的金融技术。

（六）完善相关金融法律法规，加强金融创新立法保障

在金融体系创新的同时，要注意防范金融风险，加强金融监管，利用法律手段保障金融业的规范发展，完善金融法规体系，切实解决当前的金融监管过程中无法可依、有法难依的问题，为金融体系创新提供一个有安全保障的法律环境。首先，要按照银行业、保险业、证券业分业统一监管的要求，建立健全的分业监管体制和相应的制度规范，形成从市场准入、业务合规、风险控制到市场退出的全方位监管体系；其次，要改进监管方式和手段，实现由合规监管为主向合规监管与风险监管相结合的转变；再次，要不断发展完善金融风险的监控预警系统，提高防范金融风险的能力；最后，要学习发达国家的金融监管方式，结合我国金融市场的实际，不断完善和创新金融监管，提高监管水平。

第七章

世界几个典型资本主义国家金融体系的特点及借鉴

世界几个典型资本主义国家金融体系各具自身的特点,本章重点分析美国、英国、德国、法国、日本、俄罗斯、印度、巴西金融体系的特点,在此基础上得出这几个典型资本主义国家金融体系对我国的借鉴之处。

一、世界几个典型资本主义国家金融体系的特点

(一)美国金融体系的特点

美国联邦储备体系下的联邦储备银行有着中央银行的职能,其中,最重要的职能是制定和执行美国的货币政策,此外,美国联邦储备银行还具有发行货币、监管私人银行以及代理国库等职能。美国联邦储备银行系统是美国金融体系的核心和主导,它通过制定的货币政策可以直接影响美国货币的供应以及信贷的增长,从而,来影响美国经济社会的各个方面。美国金融体系如图7-1所示。

美国金融体系具有以下四个特点。

1. 管理方式为"双线多头"。这里所说的"双线"是指一家银行要营业可以去美国联邦政府,也可以去州级政府进行登记注册,并由登记注册的机构对其进行监管。去联邦注册登记的银行性质为国民银行,国民银行的监管工作由联邦的相关机构执行;去州级政府登记注册的银行性质为州银行,州银行的监管工作由州级相关机构执行。

"多头"顾名思义是指美国的金融监管工作由多个机构共同执行,具体来说美国各个州都有银行立法以及相关的银行监管机构。美国金融监管的联邦级

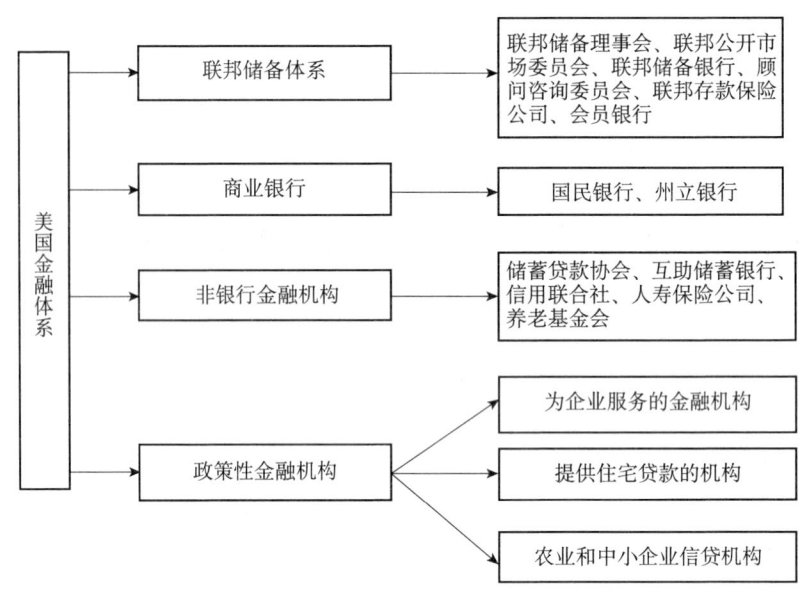

```
                    ┌─ 联邦储备体系 ──→ 联邦储备理事会、联邦公开市
                    │                    场委员会、联邦储备银行、顾
                    │                    问咨询委员会、联邦存款保险
                    │                    公司、会员银行
   美                │
   国   ─────────────┼─ 商业银行 ──────→ 国民银行、州立银行
   金                │
   融                │                    储蓄贷款协会、互助储蓄银行、
   体                ├─ 非银行金融机构 ─→ 信用联合社、人寿保险公司、
   系                │                    养老基金会
                    │
                    │                 ┌→ 为企业服务的金融机构
                    └─ 政策性金融机构 ─┼→ 提供住宅贷款的机构
                                      └→ 农业和中小企业信贷机构
```

图 7-1　美国金融体系

就设有 8 个银行监管机构，其中主要包括联邦储备体系、财政部的通货管理局以及联邦存款保险公司。美国这种"多头"的金融监管模式具有监管全面、成效显著的特点。联邦储备银行与其他西方国家中央银行在职能上无太大差异，主要是发行货币、代理国库、监督管理会员银行、制定实施货币政策和金融法规、维护金融体系健康与稳定等职能。

2. 美国的金融监管体制错综复杂。根据美国《金融服务现代化》的规定，美国现在的金融监管领导机构为美联储，其他金融机构按各自的业务分工进行监管，监管体制错综复杂，形成了"伞状金融监管格局"。美国的金融监管模式的形成有其特定的历史原因，随着美国金融市场的不断完善，监管体制也越来越细化、复杂。相比美国而言，我国的金融监管体制就显得比较简单了，也就出现了许多监管盲区，所以美国如此庞大复杂的金融监管机制也为美国金融市场的稳定提供了保障。

3. 混业经营的金融模式。目前，美国实行的是混业经营模式，将银行、证券和保险业务融合在一起，各业务之间优势互补、各取所需。根据美国《金融服务现代化法》的规定，美国实行特有的混业经营的金融控股公司模式。所谓的金融控股公司模式是指美国的金融机构的最上层由一个不从事金融业务的机构管理，其他诸如银行、证券和保险机构均属于子公司，各子公司之间独立平等，但共享最上层的金融机构提供的信息和平台，完成各项业务的融合。美国实行的混业经营模式已经卓有成效，通过混业经营模式，不仅提高了市场效率，还优化了金融资源，为金融体系创新拓展了空间。但我国实行混业经营还比较遥远，原因在于，美国的混业经营产生于美国高度发达的金融市场，而我国的金融市场还不够完善，金融体制、金融环境各方面还有待提高。

4. 重视政策性金融机构。美国的政策性金融机构与大多数国家的政策性金融机构在性质上比较相似，共同点在于政策性金融机构都是由政府干预金融市场的体现。美国的政策性金融机构包括美国进出口银行、农业信贷机构、住房信贷机构以及中小企业管理局等，我国的政策性金融机构包括进出口银行、中国农业银行等，由此可见，虽然美国在商业银行市场上是发挥市场的主观能动性，但仍然重视政府的宏观调控，重视政策性金融机构的发展，政策性金融机构的设立实质上是弥补金融市场失灵。美国曾经遭受过20世纪30年代的大危机，深知市场失灵对经济社会造成的损失巨大，所以美国的金融市场虽然已经高度发达，但仍然重视政府的干预，对经济社会的薄弱环节进行扶持，对农业、住房以及小企业提供政策性保障，弥补市场失灵。

（二）英国金融体系的特点

英国伦敦是最早的国际金融中心，英国的金融市场形成发展较早，英国的金融体系比较有特色，英国金融体系如表7-1所示。

表7-1　　　　　　　　　　英国金融体系

金融机构类别	主要金融机构	主营业务
中央银行	英格兰银行	发行货币、银行间清算、制定国家金融政策、代理国库、银行商业票据贴现
监管机构	英国金融服务管理局	该机构为独立的非政府组织，负责监管银行、保险以及投资事业，包括证券和期货
商业银行	存款银行	除具备一般商业银行业务外，还能在伦敦票据交换所办理票据结算
	商人银行（承兑行）	主要办理承兑和经营一般业务，对国外的工程项目提供长期信贷和发放国外贷款
	贴现行	经营国库、票据贴现和公债买卖
	外国银行	主要办理英国与外国金融业务
非银行金融机构	房屋互助协会、国家储蓄银行、信托储蓄银行、金融行、投资信托公司、养老基金机构、保险公司	略

英国金融体系主要表现为以下四个特点。

1. 总分行制。总分行制形成原因是英国商业银行之间持续不断的合并与集中，在减少商业银行数量的同时，显著地扩大了商业银行的经营规模。

2. 商业银行模式较为典型。英国的商业银行坚持的主要原则是发放短期贷款，提高货币资本流动性的同时保证商业银行经营的安全性。

3. 专业化银行制。英国金融市场上专业分工明显，各业务分工细化，某一金融机构往往主要只办理一两项金融业务，比如贴现行只进行票据贴现和公债买卖，一般商业银行主要进行短期贷款，而较大的项目工程则需要向专门的投资银行申请长期贷款等。英国虽然是全球范围内金融市场形成较早的国家，但一直以来金融模式较为传统，比较保守，金融创新较少。

4. 金融监管较松，进行统一监管。相较于美国复杂的金融监管模式来说，英国的金融监管模式简单明了。即英国的金融监管工作全部由英国金融服务管理局来实施。该机构为独立的非政府组织，负责监管银行、保险以及投资事业，包括证券和期货。英国的金融监管力度是发达国家中最小的，尤其是保险业的监管最松。原因主要是英国的金融市场上，金融机构之间的专业分工细致，由此带来的监管难度较小，对应所需要的监管机构不必太过复杂。而美国属于混业经营模式，将各项业务综合在一起，对应的金融监管的难度也大大提高，因而，监管机制相对复杂。

（三）德国金融体系的特点

西方国家的金融体系大多是"市场主导型"，而德国的银行体系比较独特，是"银行主导型"，所谓的"银行主导型"是指在金融体系中占主导、核心地位的是银行，德国金融体系如表 7-2 所示。

表 7-2　　　　　　　　　　德国金融体系

金融机构类别	主要金融机构	主营业务
中央银行	德意志联邦银行	发行货币、独立制定和执行货币政策
监管机构	德国联邦金融监管局（2002年5月1日成立）	负责监管银行、保险、证券，颁布规章制度、发放和吊销银行执照、命令实施专项审计以及采取强制措施等
三大商业银行	三大商业银行在金融体系中居于主导地位：德意志银行、德累斯顿银行和德国商业银行	存贷款、证券、财务咨询、保险、基金、投资等全方位金融服务
其他银行	公立储蓄银行、合作社制的大众银行、私人储蓄银行	略
非银行金融机构	证券公司、保险公司等	略

德国"银行主导型"金融体系的优点在于以下三个方面。

1. 方便企业融资。在银行主导型金融体系中，银行可以持有企业股份，也就是说银行和投资者共同拥有公司。公司在进行投资时可以直接向持有其股份的银行融资，这大大减小了公司融资的难度。大多数国家中小企业融资相对较难，因为银行没有企业的股份，因此，没有贷款担保，考虑到贷款的风险，中小企业很难获得贷款。所以这种"银行主导型"金融体系为中小企业融资提供了便利，使金融更好地服务于国民经济，同时也增加了银行的基础客户，增加了银行的收益。

2. 提供了信息交流的平台。银行掌握了企业的股份，则银行对企业的经营能力、盈利能力、企业信用、企业还款能力等都有清楚的了解，避免了银行的亏损，同时各企业之间也能共享信息，提高了信息透明，有效地避免了信息不对称的问题。

3. 金融市场抗风险能力得到提高。由于银行主导金融市场，则债券、保险等其他金融机构不能起到活跃金融市场的功能，金融市场出现波动的可能性较小，金融市场较为稳定，所以金融市场的抗风险能力较强。

事物都具有两面性，德国银行主导的金融体系的弊端也很明显，主要表现为以下三个方面。

1. 不利于公司的管理和决策。银行主导的体系下，银行可以掌握企业股份，可以参与企业的决策，但银行与企业之间在管理方式以及运营模式、市场营销等各个方面都存在较大的差异，所以银行对企业的管理运作不够了解，极易做出不合理甚至错误的决定，从而影响企业的健康发展。

2. 不利于金融体系创新。银行在金融市场上占据了主要地位，即在金融市场上银行获得了垄断地位，银行凭借在金融市场上的垄断力量可以牟取暴利，加上缺乏竞争，银行不太可能会进行业务、产品的创新，进而阻碍了金融体系创新。另外，由于银行在金融市场的核心地位，债券、保险等发展必然缓慢，既阻碍了金融市场的发展，又缩小了金融创新的空间，不利于金融体系创新。

3. 资本不能充分利用。相对于银行来说，市场在资源的合理分配和有效利用方面有着更大的优势。银行不能使资源得到有效的配置，从而造成了金融资源的极大浪费。

（四）法国金融体系的特点

法国金融体系与中国金融体系有着相似之处，法国金融体系如表 7-3

所示。

表 7 - 3　　　　　　　　　　法国金融体系

金融机构类别	主要金融机构	主营业务
中央银行	法兰西银行	发行货币，办理黄金、外汇买卖和管理官方外汇储备，向国家提供贷款和代理国库，提供商业银行资金和管理商业银行账户
金融监管机构	国家信贷委员会、银行委员会、银行规章委员会、信贷机构委员会	1. 国家信贷委员会负责注册银行名单，审查银行最低资本额、法律身份与管理能力； 2. 银行委员会负责监督银行法和有关金融法令的执行； 3. 银行规章委员会负责制定有关规章条例，如会计制度、机构设立条件等
商业银行	七大银行：巴黎国民银行、里昂信贷银行、兴业银行、北方信贷银行、工商信贷银行、法国商业信贷银行、巴黎荷兰银行	存款、放款、汇款、结算等一般商业银行职能
政策性银行	农业信贷银行、对外贸易银行、土地信贷银行、国家信贷银行、中小企业设备信贷银行、国家市场金库	1. 法国农业信贷银行：存贷款、发债、投资、担保； 2. 对外贸易银行：除一般商业银行业务外，独家承办7年以上出口信贷； 3. 法国土地信贷银行：土地信贷、对地方政府的贷款、住房贷款、发债、吸收存款

法国金融体系的特点有以下三个方面。

1. 银行体制受到政府强制干预。法国政府对于银行的干预较多，且多为强制性的干预，比如政府规定法国的各大银行进行重大决策都需要经法国经济财政部审核、批准，这点与我国较为相似。政府的强制干预有利于减少金融风险，但也扼杀了银行的创新，给金融体系创新带来了负面影响。

2. 国有商业银行社会化。法国国有商业银行的社会化进程开始于 20 世纪 80 年代中期。国有银行社会化是深化金融改革的有效措施，彻底有效地扫除了国有银行向现代商业银行转变的障碍。国有商业银行由于历史体制等原因，很难向现代商业银行转变。将国有商业银行社会化，则这些商业银行缺少了政府背景，没有了垄断优势，必须参与市场竞争，争取市场份额，提高利润，这是最有效地实现国有银行改革的方法。

3. 中央银行的执行力不够。法兰西银行作为法国的中央银行，却没有其他国家中央银行的执行力，独立性不够，比如法兰西银行在执行监管职责时需要与四大金融监管机构共同执行。由此可见，法国的中央银行的权力受到制约，但在我国，中央银行的地位是举足轻重的，具有很强的独立性。

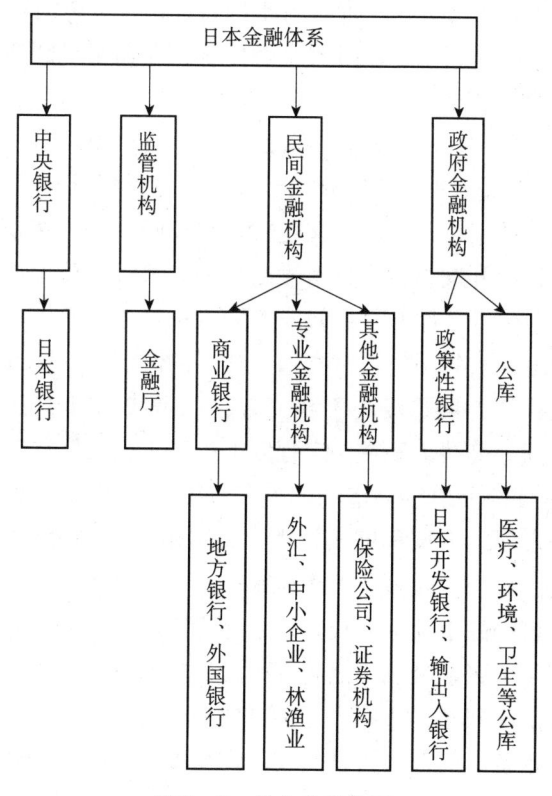

（五）日本金融体系的特点

日本金融体系包括中央银行、监管机构、民间金融机构和政府金融机构。日本的中央银行为日本银行，监管机构是金融厅，民间金融机构包括商业银行、专业金融机构和其他金融机构，政府金融机构主要包括日本输出入银行、日本开发银行以及医疗、卫生、环境等公库。与其他发达国家相比，日本金融体系最独特的地方在于日本的公共金融发展态势良好，日本金融体系如图7-2所示。

图7-2 日本金融体系

日本的金融体系比较完善，日本金融体系的建设最早可以追溯到明治维新时期，快速发展时期是第二次世界大战结束以后，伴随着日本经济的迅速崛起，日本金融体系也日渐趋于成熟。

日本金融体系具有以下特点。

1. 采用主银行制度。日本金融体系的突出特点在于采用主银行制度，这点与德国金融体系相似,日德金融体系都采用银行掌握企业一定股份的方法,使银行与企业之间的联系相当密切。银行掌握企业部分股权,对企业的盈利能力及资信等有相关了解,对于银行自身贷款业务有利,也为企业提供了融资便利,有利于中小企业的发展,从而更好地为经济社会服务。

2. 专业化分工的金融体制。有别于美国金融体系的混业经营,日本的金融体系表现出明显的专业化分工的特点。日本的金融业务间有明显的分离,比如银行业务与证券业务、信托业务间分离;银行长短期业务之间分离,比如长期贷款短期贷款之间的分离;中小企业和大企业金融机构分离。专业分工明确的金融体制的优点在于业务的专业性技术性较强,投资风险较低,金融监管相对容易,金融风险相对较小。但这种金融体制也存在明显的缺点,即各项业务之间完全分离,极大地浪费了金融资源和人力资源,也不能发挥银行、债券、信托等各自的优势,不利于优势互补,降低了效率,同时也不利于进行金融创新。

3. 日本金融体系重视公共金融。与欧美金融市场发达国家相比,日本金融体系的一个显著特点是日本的公共金融发展较好,成效显著。日本的政府金融机构不仅包括日本开发银行和日本输出、输入银行等重大政策性银行,还包括医疗、环境、卫生等公库,这些政府金融机构资金雄厚,在日本金融市场上占有比较重要的地位。我国还没有类似于日本的医疗、环境、卫生公库,主要原因在于:一是我国金融市场还不够完善;二是我国对于公共金融的认识不够、重视程度不高。公共金融在一定程度上推进了金融体系创新。

4. 日本政府直接干预金融市场。英美等国是市场主导型的金融体系,英美政府对于金融市场的干预程度比较小,金融市场的自发调整的能力比较大。同英美等国市场主导型金融体系大相径庭,日本则是政府主导型金融体系,日本政府对于金融市场的干预程度较大,金融市场的自发调整的能力被极大地限制了。日本政府不主张金融机构之间进行激烈的竞争,日本政府对银行有保护政策,即使银行出现问题,政府也会提供援助,所以银行都听命于政府,而且也相信政府。日本政府的做法,虽然在一定程度上增强了金融市场的抗风险能力,但是也抑制了金融市场的活力,不利于金融体系创新,从长远的角度来看,日本金融市场的竞争力也将大大削弱。

(六) 俄罗斯金融体系的特点

俄罗斯金融体系同我国的金融体系比较相似,都以银行为主导,同时证券、保险业发展相对缓慢,这与两国相似的国情相吻合。由于国有银行与政府的关系密切,为国家各项政策提供资金,其在银行市场占有垄断地位,其他商业银行则不可能与其竞争,导致了银行业的不公平竞争。俄罗斯的国有银行向现代商业银行转变也还存在很大的问题,最大的障碍也与我国比较相似,主要是不良资产的合理处置问题。

此外,俄罗斯金融管理职能主要集中于中央银行。俄罗斯的中央银行是俄罗斯银行,成立于 1990 年 7 月,主要职责是制定货币和信贷政策,并监管信贷机构和银行集团。俄罗斯银行独立于联邦政府和地方政府行使职权,向俄罗斯联邦国家杜马负责。

俄罗斯的金融业既有分业经营、分业管理,又有混业经营、混业管理。混业是指商业银行允许经营证券业务,对商业银行经营证券业务的监管是由证监会和中央银行共同完成的。但保险业与银行业分开经营、分业管理,保险业由俄联邦财政部内设机构保险厅负责监管。

俄罗斯银行体系监管模式为单一的集中监管,俄罗斯中央银行具有银行体系监督和调节的职能,集中了主要监管权力,负责市场准入监管、银行法人治理结构监管和市场运营监管,还负责对有问题的银行进行整顿。俄罗斯中央银行实行多目标制的货币政策框架,注重公布中期货币政策目标。

(七) 印度金融体系的特点

印度金融体系包括银行机构、政策性金融机构和非银行金融机构,印度金融体系如图 7-3 所示。

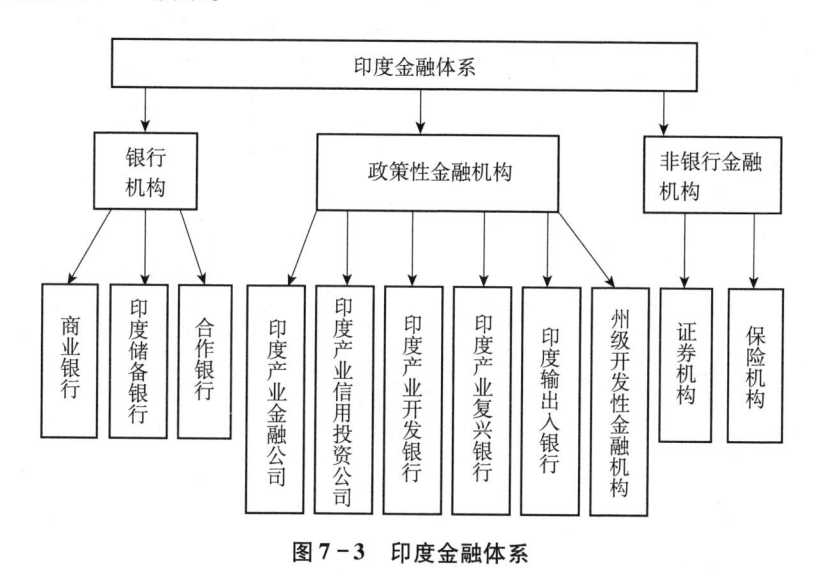

图 7-3 印度金融体系

印度金融体系的特点如下。

1. 印度商业银行商业化程度低。由于印度属于发展中国家，所以印度的金融体系还处于不够完善的阶段。印度商业银行经历过两次国有化改革，目前，国有商业银行已经占银行总数的40%，印度商业银行的商业化程度极低，国有化程度极高。我国也属于发展中国家，但我国已经在积极地促进国有商业银行向现代商业银行转变，国有商业银行的转轨将加剧金融市场的竞争，优胜劣汰，使金融市场更加完善。

2. 本土银行与现代化银行并存。由于印度目前仍然属于发展中国家，经济社会存在"二元结构"，金融市场发展起步较晚，进程较为缓慢，金融市场也出现与经济大环境相适应的"二重结构"。经济社会的"二元结构"表现为城市经济发展迅速，而农村经济发展相对滞后，与之相适应的金融体系的"二重结构"表现为：存在先进的现代商业银行为城市经济发展服务，也存在较为落后和传统的印度本土银行。这种"二重结构"的金融体系存在诸多弊端。一方面，这种金融体系也加剧了"二元结构"经济不平衡发展，再加上印度宗教和种姓制度、财税体制等因素的影响，印度社会贫富差距不断拉大，两极分化比较严重，不利于经济发展和社会稳定；另一方面，由于金融体系的"二重结构"，引起金融资源的不合理利用，造成极大的浪费，同时，也阻碍了印度金融体系向现代商业银行转轨，对金融市场的发展和完善带来了不利影响。

3. 国有商业银行的垄断明显。印度的国有商业银行数量占所有商业银行的比例较小，但其业务量却占整个国家银行业务总量的绝大多数，垄断了大部分印度银行业务。由于印度商业银行国有化程度相当严重，国有商业银行在金融市场上具有垄断地位，所以大多数业务都被垄断。而其他商业银行由于规模较小、资本存量少、竞争力弱，很难与国有商业银行进行公平竞争。

（八）巴西金融体系的特点

巴西在拉丁美洲属于金融业较为发达的国家，较为发达的经济必然有较为完善的金融体系为其服务。巴西金融体系分为监管部门、吸收存款的金融机构、其他金融机构、金融中介或辅助机构、保险和养老金机构、投资管理机构以及清算和结算系统。除监管部门以外的金融体系机构成员都属于被监管对象，如图7-4所示。

第七章 世界几个典型资本主义国家金融体系的特点及借鉴

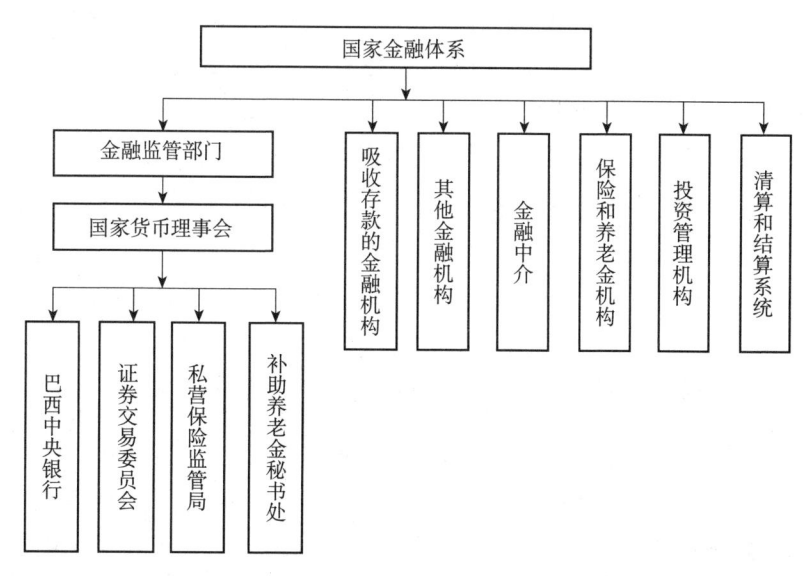

```
                        国家金融体系
         ┌────────┬────────┬────────┬────────┬────────┬────────┐
     金融监管部门  吸收存款  其他金融  金融中介  保险和养  投资管理  清算和结
         │        的金融机构  机构              老金机构  机构      算系统
    国家货币理事会
         │
 ┌───────┼───────┬───────┐
巴西中央  证券交易  私营保险  补助养老金
 银行    委员会   监管局   秘书处
```

图7-4 巴西金融体系

监管部门的主体是国家货币理事会，该主体是一个合作主体，由4个金融监管机构构成，包括巴西中央银行、证券交易委员会、私营保险监管局、补助养老金秘书处。

巴西金融体系的特点如下。

1. 金融结构合理。巴西的金融结构设置相当合理，银行、证券、保险、投资、金融中介以及清算结算、监管机构的设置种类齐全、结构合理，巴西不像其他国家实行银行主导，而是重视其他金融机构在金融市场上的作用。这种金融结构的安排，一方面，使得各个金融机构之间分工明确，且金融市场充满活力，市场秩序良好；另一方面，也有利于金融风险的分散，避免了由于某类市场份额大的金融机构出现问题而累及整个金融市场的风险。

2. 金融机构透明制度。巴西金融机构的信息披露相对透明，巴西的所有金融机构每个季度的财务报表向社会公开，在中央银行的官方网站上可以查阅到所有数据。这种透明制度的优点在于：一是通过信息的披露，有利于中央银行对所有金融机构的管理以及对防控金融风险；二是由于信息披露给各金融机构带来潜在的压力，有利于刺激各金融机构之间进行竞争，增加市场活力。

3. 金融机构的准入和审批严格。巴西金融机构的准入和审批都比较严格，巴西中央银行对于巴西金融机构的准入和审批的原则是安全性和营利性的保障。这一点值得借鉴，在金融机构准入之前确保了该金融机构的安全性和营利性没有问题，极大地降低了金融风险发生的概率，有利于金融市场健康有序地发展。

4. 混业经营模式。巴西的金融模式与美国相同，都是混业经营的模式。混业经营是全球金融改革深化、完善的大趋势，不仅发达国家，包括我国在内的许多发展中国家也纷纷效仿。混业经营模式将各项业务优势互补，合理有效地利用金融资源、优化资源配置，提高了巴西金融市场的竞争力。

二、世界几个典型资本主义国家金融体系的借鉴

（一）美国金融体系的借鉴

美国金融体系最值得借鉴的是美国的金融市场是市场主导型。目前，我国的金融市场仍然是政府主导型，市场主导型金融体系的优点在于金融市场相当有活力，金融机构之间竞争非常激烈，由于利益驱动，金融创新的空间较大，金融创新的种类和数量也相当多。而政府主导型的金融市场缺乏竞争，市场缺乏活力，金融创新也相对较少，且成功的不多。我国应该学习美国的经验，政府应该逐步放开金融市场，内部减少干预金融市场，外部引入外资金融机构、引入新的竞争主体，刺激国内金融市场的发展和完善。美国金融市场就是一个开放的金融市场，在全球金融市场上都具有相当大的影响力。此外，我国还应该加快国有商业银行向现代商业银行转变。国有四大行改革进程缓慢是影响我国金融体系向市场主导型发展的重要因素。

美国银行的独立性较强，这一点也值得我国借鉴。美国的美联储银行是官办的，其他商业银行大多是民办的，所以美国银行的独立性较强，而在我国情况却比较特殊，由于我国金融市场的发展起步晚，且金融市场还不够完善，我国的银行大多数是官办的，这就导致我国银行普遍独立性较弱，听命于政府。银行独立性不强制约了金融市场的发展，也不利于金融创新。

美国金融体系还有一点值得借鉴的是混业经营的模式。混业经营已经成为全球金融的趋势。随着经济全球化进程的推进，金融市场全球化、一体化的进程也在加快，各国金融市场与金融市场之间，各国金融市场与金融机构之间，各国金融机构之间的业务往来越来越多，关系越来越紧密，竞争也越来越激烈。传统的分业经营、分业管理的模式已经不能适应现代金融市场的发展。目前，越来越多的国家已经开始向混业经营方向改革，我国也在进行改革。但值得注意的是，我国借鉴美国这种混业经营模式还需要结合中国的实际国情，切不可照搬美国模式，毕竟我国与美国的金融市场成熟程度不可同日而语。我国

应该逐步进行混业经营模式改革，不可一蹴而就，扰乱金融市场秩序。另外，必须考虑到我国与美国监管方式的不同，美国的监管方式与其混业经营模式相对应，而我国目前的监管水平还达不到美国的水平，因此，我国在进行混业经营改革的同时，必须不断探索、改革、完善相关的金融监管体制，从而，避免分业向混业改革中由于监管不力而造成的金融风险。

（二）英国金融体系的借鉴

1. 英国的资本市场发展完善。历史上英国的商业银行尽管实行总分行制，经营规模大，但它们很长时期内对企业只提供短期融资，而不提供长期贷款。企业发展对巨额长期资金的需求只得通过资本市场的资金融通加以满足，因此，英国建立了以资本市场为主导的金融体系，形成了规模巨大的伦敦资本市场。此外，伦敦资本市场作为国际性的资本市场，在时间上可以与纽约和东京两个国际资本市场实现对接，实现全球 24 小时不间断的证券交易。英国的资本市场发展在全球范围内都属于领先水平，而我国资本市场则远远落后于英国资本市场，所以我国应该借鉴英国资本市场发展的方式方法，与国际资本市场接轨。

2. 学习英国先进的金融技术。英国的金融市场高度发达的主要原因之一在于英国的金融技术水平在全球范围内遥遥领先。英国金融的通信技术、信息技术、计算机技术等都比较先进，反观我国，金融技术水平则相当低。这其中有历史的原因，也有我国对于金融技术重视程度不够的原因，也有我国金融技术创新能力弱、竞争能力低的原因。一方面，我国应该引进学习英国先进的金融技术，不能仅仅学习发达国家金融改革创新中简单的表面的肤浅的东西，而应该重视金融技术这一核心竞争因素；另一方面，我国应该加大资金投入，支持金融技术创新，着力培养一大批金融技术人才，提高我国的金融技术水平，进而提高我国金融市场的竞争力。

3. 拓展国际金融市场。同时，英国金融体系还有比较重要的一点值得我国借鉴，即英国比较重视国际市场，其业务范围已经遍布全球，这也是英国金融市场在全球影响力较大的原因之一。随着全球经济一体化进程的加快，国际金融市场竞争越来越激烈。英国很早便进军国际市场，不断探索、创新金融服务和产品，提高金融服务质量，拓展业务范围。目前，我国金融机构的国际竞争能力还相对较弱，在国际金融市场上所占的份额也很小，所以我国应该借鉴英国的做法，拓展国际金融市场，提高我国金融在国际金融市场上的地位和影响力。

(三) 德国金融体系的借鉴

德国的金融体系对于中国来说,既有可取之处,也有值得反思的地方。一方面,德国实行的是"银行主导型"金融体系,银行掌握企业的股份,也就是说,银行和投资者共同拥有公司。公司在进行投资时,可以直接向持有其股份的银行融资,这大大减小了公司融资的难度。而我国中小企业融资相对较难,因为银行没有企业的股份,因此,没有贷款担保,考虑到贷款的风险,中小企业很难获得贷款。所以这种"银行主导型"金融体系为中小企业融资提供了便利,使金融更好地服务于国民经济,同时也增加了银行的基础客户,增加了收益。另一方面,也不得不考虑到银行持有企业股份对企业发展带来的危害,显而易见,银行的持股不利于企业决策管理和健康发展。与此同时,也抑制了金融创新,不利于金融市场的发展。所以对于借鉴德国金融体系的一些做法方面,我国应该慎重思考。

(四) 法国金融体系的借鉴

法国金融体系的特点是国有商业银行社会化。国有商业银行社会化是深化金融改革的有效措施,彻底有效地扫除了国有商业银行向现代商业银行转变的障碍。国有商业银行由于历史体制等原因,很难向现代商业银行转变,将国有商业银行社会化,则这些商业银行缺少了政府背景,没有了垄断优势,必须参与市场竞争,争取市场份额,提高利润,这是最有效地实现国有银行改革的方法。目前,我国国有四大银行改革的进程比较缓慢,可以适当借鉴法国的做法,推进国有商业银行股份制改革。

(五) 日本金融体系的借鉴

由于日本与我国的地缘位置相近,在文化上也有一定的共同点,所以日本金融体系的发展过程以及目前的发展情况对我国金融体系有很多的借鉴之处。

1. 金融体制要与国情相适应。从日本的经验中,我国值得借鉴的一点是金融体制要与本国国情相适应。日本在不断的探索中找到了与本国国情相适应的金融体制,由于我国是社会主义国家,实行的是社会主义市场经济,经济体制、金融体制都要与国情相适应,形成中国特色的金融体制,才能使金融更好地为社会主义市场经济服务。如果盲目照搬其他发达国家的金融体制,不结合本国国情,则我国的金融与经济发展脱节必将导致社会主义市场经济的退后,影响国民经济的健康发展。

2. 改革方式应采用渐进式。日本的金融体系采用的是渐进式改革方式，这一点值得我国借鉴。因为我国的金融市场完善程度不够，由于历史原因，存在种种问题，金融基础薄弱，金融制度不完善，所以我国进行金融改革不能急于求成、急功近利，我国金融市场的先天条件不足决定了我国金融市场的改革不可能一蹴而就，必须采用渐进式改革。中国金融体系就像身体虚弱的病人，不能下猛药，而需要慢慢调理，渐渐改革。所以日本金融改革的成功经验也给我国金融改革提供了参考和引导。

3. 合理有效处理不良资产，促进国有四大商业银行改革。日本经过金融危机后，深刻认识到银行不良资产的危害，采取了一系列措施对不良资产进行了合理有效的处理，这也是值得我国借鉴的地方。我国国有四大商业银行的不良资产比例相当高，这也成为国有四大商业银行向现代商业银行转轨的最大障碍。不良资产过高，也是金融风险爆发的隐患之一。所以我国应该借鉴日本的方式方法处理银行不良资产，扫清国有四大商业银行转变的障碍，加快国有四大商业银行改革。

4. 完善监管体系，稳定金融秩序。日本一向以金融监管过严闻名，日本政府对金融市场的干预程度较大，日本的监管体系相当完善，这主要是因为日本经历金融危机后更加注重金融监管，大大加强了金融监管的力度。而我国的金融监管体系还不够完善，当然这与我国先实践、后监管的金融模式有关系，金融监管直接影响到金融秩序，进而影响金融市场的稳定，所以我国应该适当学习日本的金融监管，完善金融监管机制。但是也应该注意不能矫枉过正、监管过严，因为监管过严会抑制金融市场的发展，金融创新不足，不利于金融市场的长远发展。

（六）俄罗斯金融体系的借鉴

俄罗斯的金融体系尤其是银行体系在重新分配资金时，不是像成熟市场经济国家通常的做法把资金从衰退的产业转移到朝阳产业，而是正好相反，支持的是夕阳产业。在某种意义上说，俄罗斯的银行所扮演的角色更像是政府的社会保障机构，而不是银行。这些银行追求的目标并不像欧美国家的银行那样是利润，而是保持财务稳定、产量和就业。这一点值得中国的金融体系反思。中国的金融体系需要将更多、更好的资金用于朝阳产业，而不是像俄罗斯一样为了追求稳定和就业而用于利润空间不大的夕阳产业。

金融产业集团仍旧控制着经济中极小的一部分，没有能力提供重建所需的资金，因此，也还不能看作是长期战略投资者。在争夺俄罗斯的公司控制权的竞争者中，不管是银行还是一般的机构投资者，似乎仅仅只是重要的一方，另外，还有外国投资者、俄罗斯的非金融机构，以及个人股票持有者。

此外，俄罗斯注重公布中期货币目标，这一点值得我国关注和学习。俄罗斯中期货币目标的公布有利于稳定金融市场，公布的中期货币目标将作为投资决策的重要依据，避免金融市场出现较大波动，有利于金融市场的稳定。

（七）印度金融体系的借鉴

1. 对银行监管的启示。印度银行业的监管体制方面值得中国借鉴。印度的金融监管政策的制定、公布、实施都尽量做到民主化和科学化，制定了一系列制度进行保障。在政策制定时，相关工作不由中央银行统包统揽，通常要邀请来自商业银行、学术界、信用评级机构以及相关单位的人员参加。相比较而言，我国金融监管政策的制定则缺少了民主化和科学化，我们可以适当学习印度的做法，通过邀请商业银行、学术界、信用评级机构等相关人员参与监管政策的制定。一方面，体现了科学性、民主性；另一方面，通过相关人员的反馈建议，可以避免信息不对称，掌握更多相关信息，做出更为全面、合理的金融监管政策。

2. 对资本市场的启示。中国证券市场要规范市场运作，扩大证券市场规模，坚持以证券市场的规范化为前提，通过金融创新大力发展国内资本市场，努力扩大市场规模，增强国内证券市场抵御国际资本冲击的抗风险能力。实施相关政策时，一定要考虑我国的基本国情。比如股票市场上熔断机制的实施引起了我国股票市场的剧烈波动。此外，我国发展证券市场最重要的是证券市场的规范化以及证券市场的监管问题。长期以来，我国证券市场的发展相对滞后，产品种类和数量较少，交易规模小，证券市场缺少活力。所以我国应该加大金融创新力度，提高资本市场的金融创新能力，活跃资本市场。

3. 对利率市场化的启示。印度与我国都属于发展中国家，且基本国情比较相似，但印度金融市场的发展却比我国金融市场完善。印度在2010年已经实现了全面利率市场化，我国的利率市场还未完全放开，还处于过渡阶段。利率市场化是指各金融机构依据中央银行基准利率和市场供求来决定自己的存贷款利率。利率市场化有利于促进市场主导型金融体系的形成，发挥市场的职能，有利于金融市场的发展和完善，也是世界金融体系发展的主要趋势之一。但是，利率市场化也存在风险，会造成金融危机。据世界银行统计数据显示，全球范围内在实行利率市场化过程中，发生金融危机的国家超过50%，其中包括日本、拉丁美洲地区等。而印度却没有出现过金融危机，这一点值得思考和借鉴。印度从开始放开利率市场到实现全面的利率市场化，大约花了二十年，所以印度进行利率市场化是一个逐渐推进的过程。利率市场逐渐放开的同时，金融监管体制的完善也在进行，所以印度金融市场的利率市场化改革相当成功。我国应该借鉴印度的利率市场化改革推进方式，循序渐进，防止推进利率市场化的进程中出现金融危机。

（八）巴西金融体系的借鉴

从巴西的国家金融体系的构成来看，目前，巴西的金融机构实行的是混业经营。而在1988年以前，巴西的银行业和证券业是分业经营的。混业经营已成为金融业的发展趋势，随着我国金融业的国际化，必将进入混业经营，对于现有的经营必然提出新的要求，适应金融业的新发展。

巴西金融体系的成功之处在于，其金融结构设置相对合理，银行、保险、证券等金融机构比例适宜，银行业内部结构也相对合理，国有银行与商业银行比例合理。巴西银行的银行业结构合理的好处在于，活跃了金融市场，提高了竞争。而我国的银行业，结构不合理、国有银行比例过高，这使得竞争明显不足，服务未能跟上，银行自身缺乏控制风险的能力，管理技术落后，金融结构的问题已经是影响到整个中国金融体系发展的关键问题。我国国有四大银行占据了银行业的垄断地位，其他商业银行的竞争能力相对薄弱，银行大多数业务被四大银行垄断，且四大银行金融机构按行政区划设置，各省市县分支机构众多，其他商业银行由于规模太小、数量有限，很难与国有四大银行竞争。银行结构不合理的弊端较多，一方面，金融市场上竞争不足，市场缺少活力，不利于金融市场的完善，阻碍了我国银行体制向现代商业化银行体制转变；另一方面，也对金融体系创新带来了负面影响。

巴西金融体系还可以借鉴的一点是巴西中央银行对于金融机构的准入和审批较为严格，设置的限制也较为苛刻，不仅仅是初始资金投入的最低限制，还包括银行的经营管理方法、未来盈利能力等的考核，目的是保障新准入银行的安全性和营利性，以降低后期的监管难度和金融风险。在这一方面，我国为了发展金融市场，对于金融机构的准入和审批显得较为松懈，体现在我国仅仅关注金融机构进入的初始资金保障以及合法性。长远看来，我国目前的准入制度为金融风险的发生创造了条件，埋下了隐患，因为没有考虑金融机构的营利性和安全性。这种准入制度在短期由于引入竞争主体可能对活跃金融市场有一定的作用，但考虑到金融风险太大以及金融市场的长远发展，我国应该学习巴西金融体系，严格考核、审批金融机构准入，保证金融市场稳定健康的发展。

巴西中央银行要求金融机构必须向巴西中央银行提交金融信息季度报告和信息，同时，将此报告公布在巴西中央银行的官方网站上。采用这种制度加快了金融机构透明制度建设和增强了市场约束。而我国的金融机制透明制度的建设还不够完善，同巴西相比还存在巨大的差距。巴西的金融机构都需要提交信息季度报告，而我国仅仅是上市的银行会提供相关信息，其他银行则不会上报。另外，有些经营不善的银行为了不影响业务发展，会隐瞒真实信息，上报虚假信息，欺骗大众。金融信息透明化的优点很多，主要包括避免了信息不对称，提供了金融机构信息交流共享的平台，对于大众投资者、消费者来说，提供了便利的信息，便于投资者、消费者做出明智、理性、合理的选择；同时由于信息披露彻底给金融机构带来了无形的压力，有利于提高金融市场竞争，对于金融市场的完善起到了正面影响；最后，由于金融机构的财务报表等公开透明，也方便金融监管，使金融风险的发生概率大大降低。鉴于此，我国应该借鉴巴西中央银行的做法，采用强制手段，比如立法措施，强制各金融机构向中央银行提供金融信息季度报告，完善我国的金融市场、金融机构信息透明制度建设。

第八章

造血式金融体系构建路径

金融资本一直以来被视为经济发展的血液、经济起飞的必要条件。现代经济中，经济运行与金融活动息息相关，一方面，经济发展可以有效促进金融的发展；另一方面，金融发展也对经济发展起到积极的推动作用。当前，中国的经济发展面临着调结构、促转型的主要任务，更离不开金融强有力的支持。综观我国金融发展历程，我国金融业取得了一定成绩，但无论同国际发达经济体相比，还是就满足我国实体经济发展需要而言，我国金融体系的"造血"功能依旧存在着很大的发展空间，尤其是中西部欠发达地区以及广大农村，资本匮乏，"血液"告急成为当地经济发展和脱贫致富的"瓶颈"。政府为了促进经济发展，长期以"输血"方式力推经济发展，但是，这种模式"解决了一时，解决不了一世"，提升区域组织的自我"造血"功能，才是区域经济发展的可持续策略，然而，长期以来形成的"造血"不足一直得不到提升和改善。加强金融领域的改革，构建与当前实体经济发展相匹配的"造血式"金融体系已成为业界主流共识。本书主要从金融机构以及金融工具寻找突破口，构建造血式金融体系路径，路径构建的核心在于从我国的具体国情和经济发展的特定阶段出发，正确处理好效率与稳定的关系，从而有利于发挥金融体系对国民经济的促进作用。

一、完善我国金融市场结构

（一）构建多层次资本市场

现代金融体系当以银行体系和资本市场体系协同发展为主要方式，而我国目前明显是以"一只腿粗，一只腿细"的畸形态势而存在。从社会融资结构看，主要以间接融资为主，靠资本市场直接融资所占比重仅为10%左右，严重制约着我国金融系统的健康发展。我国资本市场相比较而言，还远未到达国内经济的"晴雨表"，我国国内股市很难代表我国实体经济发展总体趋势，由此也失去了一个可以评估实体经济基本情况的有效参考平台。因此，构建多层次资本市场，并且使直接融资与间接融资比例合理化，已经刻不容缓。

（二）合理化运行"造血"平台

近年来，我国金融改革主要呈现出向市场化方向深入推进的特点，具体表现为，国家相关部门整体上放松了对整个金融机构的管制，准入门槛近一步降低，旨在吸引更多的民营资本进入金融领域，加强为实体经济服务的能力，提升金融体系"造血"的功能。金融体系"造血"功能的提升，在于一国或地区的金融体系发展与实体经济的匹配程度，经济发展的"血"，不仅要有量的保证，也要有"血型"的匹配。金融体系发展无论超越还是滞后实体经济的发展阶段，都会阻碍经济的发展，为此，如何造出实体经济发展所需的"血"，关键在于造血平台的构建和运行。目前，我国"造血"平台不协调。债券市场与股票市场发展不平衡。在国外成熟的资本市场中，债券市场的融资规模通常是股票市场融资额的数十倍，而我国恰恰相反。与债券市场形成鲜明对照的是我国股票市场发展迅速。自从1991年开始，经过10多年的发展，我国股票市场的上市公司数量、市价总值、交易规模等逐年攀升。除银行机构外，其他金融机构发展滞后于实体经济的需求。银行以外的"造血"平台，总体上业务水平较低，相比于我国庞大的企业基数和国内生产总值，非银行金融机构的造血融资比例明显过低，导致全社会融资成本偏高，金融体系造血受阻，经济转型难度增大。

（三）推进利率市场化改革

利率市场化是现代经济发展的客观要求，主要由市场机制决定，并由金融机构依据自身的资产和负债、未来预期和风险等因素来自行调节。利率的市场化改革，具体包括利率决定、利率传导、利率结构和利率管理等的市场化。我国政府一直在推进利率市场化改革，而且也取得了阶段性的成果，但相对而言，利率市场化改革的进程较慢。利率市场化核心在于利率的多少和升降，由各类金融市场主体根据自己的资金状况、对金融市场动向的判断和运作取向等来自主选择，并形成以央行基准利率为基础，以货币市场利率为中介，由市场供求决定的存贷款利率市场机制。利率如果无法真正实现市场化，那么投融资方对利率的敏感程度就会降低，资本向经济效益好的行业流动的意愿就会落空，由市场来配置资源的计划也就难以实现。目前，我国利率市场化改革已处在攻坚阶段，各种理财产品、货币基金、互联网金融产品的逐渐壮大，逐步取消存款利率上限，实现整个资金链定价的全面市场化成为内在要求。利率市场化的主要表现为居民、企业和金融机构等金融市场上的交易主体共同决定市场利率，交易价格在市场交易中通过主体之间的公平竞争形成；同时，利率的调控、数量结构、期限结构和风险结构皆在市场交易中形成，央行只能通过公开市场操作等手段间接影响利率水平，进而影响社会货币数量。

二、探索混业经营模式

（一）我国金融体系混业经营的必要性

美国在1999年通过《金融服务现代化法案》，标志着银行业、证券业与保险业之间的参股和业务渗透具有合法性。在全球经济一体化的浪潮下，金融业的混业经营体制已成为主流，我国是世界上少数坚持分业经营的国家之一。经济新常态下，我国金融体系的混业经营在业界被视为未来发展的重要趋势。事实上，混业经营在我国早已变成现实。2000年，中国光大集团入主申银万国证券，成为拥有银行业、信托业、保险业和证券业的集团公司，是一个典型的案例。混业经营可以降低企业的经营风险，还可以降低企业平均成本，并提高集团公司的总体利润，体现了范围经济的优势。但是，由于我国监管力度和能力的欠缺，在规避风险、保证经营的公平性上存在薄弱环节。光大"8·16"乌龙指事件就是一个深刻教训。总体上讲，混业经营是一个利弊并存的经营模式，应当客观看待、趋利避害、积极引导。我国混业经营有其内在的必要性，从需求层面看，居民收入水平的提高，引发对理财产品的需求，现代技术以及消费者对理财产品偏好的不同，使得对存款等传统渠道造成巨大冲击。从供给层面来看，利率市场化的不断推进，导致我国商业银行转型步伐加快，使得银行存贷利差收窄，为此，商业银行产生了通过中间业务增加收入的强烈需求。从政策层面，国家相关部门逐渐放宽了经营范围，2014年《保险法》逐渐放开了对保险领域的投资标的限制，同时，国家相关部门也加强了对市场秩序的规范。

(二) 混业经营的基本内涵

混业经营，在我国暂时没有形成具体的经营业态，但是，在利益诉求和分散风险的内在要求下，混业经营成为我国金融业经营业态的发展趋势。具体指银行、证券公司、保险公司等金融机构之间的业务渗透和交叉，狭义的混业经营指银行业和证券业之间的经营关系，即银行机构与证券机构相互进入对方领域进行业务交叉经营的一种业态。广义上的混业经营主要指金融行业之间的经营关系，即银行、保险、证券、信托等金融机构之间的业务相互渗透，并在此基础上进行再创新，提供综合性、新型化的服务，在业务领域实现拓宽和跟进，在金融领域和非金融领域实现联动发展，进行业务多元化的经营。新时期，全球化的金融业态、信息技术的发展为混业经营提供了技术保障，金融工程、金融衍生品等金融创新为混业经营提供了新的通道。

综合性金融机构同时从事商业银行业务和证券业务，为两种业务相互促进和优势互补提供可能。混业经营更加有利于降低银行自身风险，使综合性金融机构能够充分掌握企业经营状况，降低银行贷款和证券承销的经营风险。一家综合性金融机构有利于兼营商业银行与证券公司业务，提升银行机构的竞争实力和竞争优势。

但是，事物都具有两面性，这决定了混业经营也存在着一些弊端，这也是我们国家目前从事单一业务的主要考虑，它容易导致金融市场的垄断，产生不公平竞争，内部制衡导致新的金融风险。

(三) 探索混业经营的基本思路

国际上金融领域的混业经营代表国家有英国、德国和日本等，综合各个国家混业经营的模式，我们得出混业经营的基本思路和路径是：通过市场利率的倒逼改革，促进商业金融机构的转型升级，根据自己的特殊形式，探索符合我国基本国情的渐进化改革道路，同时加强相关领域的法律法规建设，保障我国金融行业专业的顺利进行。事实上，我国混业经营已经开始在个别金融组织中探索混业经营的模式，比如我国中信集团的"混业"发展模式，被看做是中国金融业由"分业经营、分业监管"向"法人分业、综合经营"模式的过渡。

中国国际信托投资有限公司成立于1979年，1986年公司开始涉足金融业，1987年成立中信实业银行，之后相继成立中信证券、中信长盛基金管理公司和信诚人寿。2001年10月公司开始集团化运作，更名为中国中信集团公司，作为总部单独行使管理职能。2002年底，公司实行股权改革，将中信银行和证券等金融资产合并管理。中信控股作为中信集团的全资子公司,本身不经营业务,只对其下属子公司行使管理职能。银行和证券是中信控股的主力军,在整个集团发展中占有重要地位,中信控股通过投资和接受委托,对集团银行、证券、保险、信托、租赁、基金等业务进行管理和资源配置,实现资源的有效利用。2014 年公司将中信银行、中信证券、中信信托等金融资产打包整合,实现机构间利益共享和风险隔离,并促使集团整体上市。

三、加快互联网金融建设

互联网技术在 20 世纪后期诞生于美国后,带来了世界新一轮的技术革命,也催生了很多新型行业。互联网金融就是新型互联网技术与传统金融珠联璧合后的"新行业"。借助互联网"开放、平等、分享、协作"的特点,使得金融不再成为普通民众高不可攀的奢侈品,而是成为任何一个人都可以借此投资、理财的重要渠道。随着移动智能终端的普及,互联网金融拓宽了金融行业的时空界限,成为现代民众日常生活中必不可少的交易平台。为此,加快互联网金融行业的配套设施建设,积极引导互联网金融的健康发展,成为构建我国现代化金融体系的重要议题。

(一)我国互联网金融的发展模式

虽然"互联网金融"是目前在我国各大媒体出现频率最高的词汇之一,但对于这一概念的认识却没有一个统一定论。随着互联网金融的快速发展,互联网金融突破了时间和空间的界限,其终极形态就是互联网货币。目前,互联网金融对传统商业银行、证券公司提出挑战。互联网金融与银行融资和证券市场融资相比,它是一种更加民主化、大众化的金融模式[1]。事实上,互联网金融相比于传统意义上的金融,它信息更加公开透明、交易更加便捷,资金借贷双方通过网络实现直接交易,以银行、证券公司等为代表的金融中介机构退出了交易环节,降低了交易成本,提高了资源的配置效率。

我国互联网金融起步于 1995 年,比如招商银行的网上银行、易保在线等,目前,我国互联网金融的主要形式大约有四种:第一种为自营商城模式,即金融的互联网化,自助银行使得民众与金融产品实现了零距离接触;第二种为互联网企业涉足金融领域,主要从事第三方金融产品销售渠道工作,以数米基金

---

[1] 谢平:互联网金融风险更低,腾讯科技。

网、好买基金网为代表,用户可以在网上根据自己的实际情况选择适合自己的理财产品,同时也提供相应的金融服务;第三种为以阿里巴巴、京东为代表的电商供应链金融模式,电商企业与银行相互合作,通过向其提供便捷的客户信息,银行可以通过大数据分析,批量化对客户进行处理,其中阿里最具有代表性;第四种金融模式为以拍拍贷为代表的线上P2P模式,并在此基础上,衍化出相应的人人贷等模式,陆金所、有利网模式等,并逐步向更为广泛意义上的众筹模式发展。

1. P2P模式。P2P模式(person-to-person model),即通过具有资质的第三方互联网金融平台实现借贷双方的信息匹配,并借助移动互联网技术实现资金从供给方流向资金的需求方。P2P平台以提供服务,收取服务费为盈利模式,是与股票股权投资理财并列的债权理财模式。这一模式主要就是通过借贷方式来缓解不同年龄、层次的人群由于收入不均匀而导致的资金分配不平衡问题。我国最早的P2P网络贷款平台成立于2006年,2011年以来进入快速发展时期。目前,我国P2P模式已经出现分化:第一种为坚持传统的平台模式,仅进行信息匹配,帮助资金借贷双方更好地进行资金匹配,本质上就是在脱离金融媒介的基础上,实现资金供需双方的直接融资;第二种为提供本金乃至利息担保的P2P模式,此种模式是现在P2P模式的主流形态,由于担保服务的存在,此种模式下的P2P已经有了间接融资的概念,投资人依赖P2P机构借出款项,P2P机构负责替借款人寻找、筛选客户,并为交易提供担保服务,一切行为皆在P2P平台上实现,并形成风险聚集点,一定意义上成为风险、信息和资金的中介;第三种模式是以陆金所、有利网为代表的P2P模式,这种模式主要将金融机构(准)的信贷资产通过互联网方式以较低价格对外销售,期限比传统金融更为灵活,金额比传统金融更小,避免了现代金融理财门槛较高的弊端,本质上属于一种信贷资产证券化的模式。

2. 阿里金融、京东金融模式。阿里金融和京东金融是互联网金融的典型代表,细数阿里金融,基本上涵盖了以放贷和担保为特征的风险业务、以支付宝为核心的第三方支付业务、基于淘宝和支付宝基础之上的基金销售业务以及数据分享业务等。京东、敦煌、网盛等电商的业务范围和业务体系相对阿里都较小,它们更多地与传统金融机构合作,从事信息初筛、数据分享等基础性工作,将自己的业务嵌入传统金融中,双方合作,共同服务于它们的客户。

3. 第三方支付。第三方支付主要指具有一定实力和信誉保障的机构充当买卖双方的第三方独立机构,买卖双方通过第三方交易平台实现买方的选购、卖方的发货以及买方的付款和卖方的收款等一系列交易过程,第三方通过提供担保、信息匹配等服务赚取利润。第三方支付结算方式按程序分类，可以分为一步支付方式和分步支付方式，前者包括现金结算、票据结算，比如支票、银行汇票等；汇转结算，比如网上支付等。后者包括信用证结算、保函结算、第三方支付结算等。目前，我国第三方支付业务企业不断出现，并且快速发展，在日常生产生活中扮演着越来越重要的角色。

第三方支付经过多年发展，形成了其独有的特点。它可以提供一系列应用接口，从而将多种银行卡支付方式整合到统一界面，实现在交易结算中与银行的对接，使消费群体更加方便。不仅可以帮助消费者降低购物成本，还可以降低运营成本，节省银行的网关开发费用，并为银行带来潜在利润。第三方支付平台比 SSL、SET 等支付协议更加简单易行。有了第三方支付平台，商家和客户之间的交涉由第三方来完成，使网上交易变得更加简单。利益中立，避免了与被服务企业在业务上的竞争。为客户提供个性化服务，使其可以根据被服务企业的市场竞争与业务发展创新商业模式，并同步定制个性化的支付结算服务。同时，由于第三方支付平台同银行进行合作，因此，第三方支付平台能够较好地保障其信用问题，从而推动电子商务的快速发展。

4. 众筹。传统意义上的众筹是指通过团购和预购的方式，向大众募集项目资金的一种模式。现代意义上的众筹是指主要依托互联网技术向大众筹借款项并募集资金的一种模式，相比传统融资方式，众筹更加开放、门槛较低、项目多样，且灵活多变、创新性强，只要融资项目得到大众的认可，就可以通过该方式获得相应的启动资金，为众多有创意但缺乏资金的人提供了机会。众筹平台可以为风投公司提供更为详细、可行的投资项目，并通过更为高效的机制对其审核，更好地与企业家进行沟通，使得投资决策更加合理可行。同时，众筹平台上的各种项目资料可以为风投公司参考，为风投公司的投资决策节省大量时间，大大提高了资源配置的效率。

同时，企业家可以利用众筹平台呈现自己的心仪项目，与其他投资者形成一个"企业家"的朋友圈，彼此相互交流。一方面，可以为吸引更多的投资人创造机会；另一方面，彼此之间的相互交流，使得决策更加科学理性。另外，企业家可以利用众筹平台提升信息的分享，通过专业技术，实现简化融资过程，进而提升融资速率。

类似于 Kickstarter 这样的众筹平台明确提出，任何年满 18 岁的人都可以参与，进而能让大批早期支持者检验产品和服务。从目前众筹的发展阶段来看，以投资为基础的众筹平台的资本结构还需要进一步调整，才能满足风投社区的标准。众筹平台还能用来检验产品及服务的优劣。

（二）发展互联金融的意义

互联网金融是时代发展的产物，加强互联网金融的建设，可以进一步拉近资金需求方与资金供给方的距离，通过自动智能化服务，提高了金融机构的资金配置效率，发挥其规模经济和专业技术，降低资金的融通成本，同时减少由于借贷双方的信息不对称而引发逆向选择和道德风险的问题，进而增强了金融体系的造血功能。

（三）互联网金融的构建途径

1. 建立与拓展基于互联网平台的虚拟渠道。互联网企业的服务对象主要以小微客户为主，但这些客户占到所有企业总数的80%左右，有着更为广泛的客户群体。相比于传统金融的物理营业网点，互联网金融突破了时空的限制，有效整合了金融服务中的交易、支付、理财等金融业态。客户可以最为广泛地接触虚拟服务渠道，极大地体现了互联网金融的价值。

与传统的物理渠道相比，互联网金融服务成本低、效率快，可以容纳更多的参与主体；产品多样化，可以满足不同客户群体的需求。为此，虚拟渠道的建立与拓展成为各大金融组织企业的普遍诉求。

2. 依托现代化信息处理技术丰富金融产品。互联网金融行业的竞争，最终体现在金融产品服务的多样化与个性化。由于不同客户的年龄、性别、文化程度和财富水平的差异，进而决定了客户需求偏好不同，为此就需要互联网金融企业进行精准的市场细分。企业只有分辨出具有吸引力的细分市场，根据客户要求制定产品、提供服务，才能逐渐扩大其市场份额。随着大数据技术的发展，互联网金融可借助大数据的使用，实现客户服务的精确定位和无缝推送。互联网企业运用数据处理可以将客户的风险偏好、理财记录等信息采集、归纳、分类，筛选出能有效服务的客户群体。面对顾客需求的差异化，企业运用大数据技术根据所搜集的信息，设计不同的产品以满足不同用户的多样化需求。

根据大数据的处理，目前，中国互联网金融服务目标群体由小微客户向中小客户扩展，并逐渐纳入了传统金融的核心客户。针对这些目标客户，业界在运用大数据开发个性化、多样化的理财产品方面仍处于探索阶段，极少数互联网金融企业在此方面取得了一定成就，发展前景可观。由此可见，信息处理技术的发展提高了金融运作效率，使金融服务生产可能性边界得以拓宽。互联网金融服务目标群体也因此由小微客户向中小型客户甚至传统金融核心客户扩展。为满足广大客户群体的需求，互联网金融未来发展的趋势应是互联网金融企业利用数据的获取、开发、处理和量化分析，为市场提供多样化的产品与服务。

3. 加强与传统金融机构的业务合作，努力打造综合性服务平台。互联网金融企业的不断发展强大，导致传统金融机构实施改革，为此，传统银行纷纷"触网"，将传统金融业务搬到互联网上，各家银行各自推出手机银行、微信银行、自助银行，从网上支付拓展到O2O模式，不断开辟其在金融领域的服务渠道、方式、产品销售以及服务对象等，为此，传统金融与互联网金融的融合成为业界发展的必然趋势。

四、构建中小企业金融组织体系

相比于大中型企业对资金的需求，中小企业由于自身信用程度低以及资产规模小等不利因素，使其难以获得银行贷款，企业发展难以持续。中小企业对我国经济建设具有重要作用，为此，构建专门服务中小企业的金融服务体系，是我国金融改革的重要方向。在我国，中小企业金融组织主要指地区性金融机构，以中小企业为主要发展对象，是我国经济改革下的发展产物。构建中小企业金融组织有利于企业结构改革、激活实体经济，解决实体经济中小微企业的融资难问题，促进各种小微企业的创新发展。

（一）构建中小企业金融组织体系的作用

构建中小企业金融组织体系，是我国"造血式"金融体系的重要组成部分，对于促进中小企业的发展、完善我国体系、提高资金的配置效率意义深远。具体表现为：第一，可以极大缓解或解决长期困扰我国中小企业发展资本不足的问题；第二，通过组建专门为中小企业服务的金融组织，可以充分发挥资本融资安排综合效用，增加了中小企业经营管理的手段，为企业管理层通过资本实现对经理人的激励和约束，提高了企业的生产效率；第三，设立中小企业金融机构，有利于自由资本的形成，为中小企业的发展奠定了良好基础；第四，设立中小企业融资机构，可以有效处理企业内部信息，增加信息的公开透明程度，可以为符合贷款条件的中小企业提供更为有效的信贷配给，有效提升整个金融体系的融资效率。

（二）组建中小企业金融组织的基本途径

1. 鼓励建设中小型投资公司。中小企业实现可持续发展的关键在于业主的长期持股，从风险防范和行为激励两个方面提高了资本的融资效率。一方面，可以实现利益共享效应；另一方面，合伙人对资本投资共承风险，对中小企业会形成良好的风险制约，促使其履行应有的义务与责任。

2. 培育与发展中小企业风险投资公司。目前，我国中小企业金融机构没有明确的行业分工，绝大多数金融组织机构没有在特定的领域形成自己的比较优势，进而导致金融此类公司的专业性不强，科技知识含金量低，项目投资趋同化现象突出，行业缺少必要的资本利得机制，进而，此类风险投资公司演变成为一般性的非银行金融机构。

3. 组建适合中小企业融资特点的金融体系。我国中小企业的发展起步较晚，适合中小企业融资的金融体系建设刚刚起步，股票场外交易市场和创业板市场的非规范性发展严重阻碍了我国中小企业的融资需求，有序发展场外交易，降低中小企业的融资成本和融资门槛成为当前构建中企业金融体系的关键。

4. 探索建立专门针对中小企业贷款的政策性金融机构。我国金融领域事实上并没有进入完全竞争的市场状态，地方政府对于贷款对象的影响很大，如果能够建立一家地方性的政策金融机构，以法定形式规避地方政府对中小企业贷款的扭曲行为。针对中小企业贷款的政策性金融机构可以以低于市场利率的政策性金融债券向符合条件的中小企业提供优惠的长期性贷款资金，助推中小企业的健康发展。

5. 扶持分担融资风险的信用担保类中介机构。扶持分担融资风险的信用担保类中介机构、具有较高风险评估能力的信用评级类中介机构和融资租赁类中介机构的建立和发展。通过发挥信用担保的杠杆效用，增加中小企业的信贷投入。只有建立中小企业信用征信体系与银行信贷和信用担保之间的关系，才能规避和化解中小企业债务性融资风险。建立信用管理系统、信用评级系统的共享机制，从全国层面，建立对中小企业的融资信用评级，进而降低为中小企业融资的风险。

五、发展农村金融服务体系

（一）我国农村金融服务体系的发展态势

我国农村发展落后一直以来是我国经济社会发展的重要阻碍，农业、农村、农民"三农"问题是由多个因素造成的，但经济发展是"三农"问题的关键所在。农村经济发展，根本在于解放生产思想、转变发展方式，而资金的缺乏成为农村经济起飞的重要瓶颈。解决农村经济发展的资金不足，关键又在于发展我国农村金融。事实上，从县域的角度来讲，全国共有 2070 个县（市），占国土面积的 95%，占到全国总人口的 3/4，其中常住乡镇人口为 64222 万人，为全国人数的 47.4%，为此，在我国广大农村，潜藏着一个巨大的金融市场。

目前，我国现行的农村金融服务机构有中国农业银行、中国农业发展银行、中国农村信用社、中国邮政储蓄银行以及新型农村金融机构，此外还有私人钱庄、合会等非正式金融机构，在许多地区非正式金融机构已成为农村金融服务的主要提供者。随着多年的农村金融体制改革与发展，我国农村金融服务机构已初步形成，包括政策性、商业性、合作性金融机构在内的，以农村信用社为核心、国有商业银行为主体、民间借贷为补充的农村金融体系。

我国农村金融分布不均匀，经济发达地区和农业大省金融机构多，而经济欠发达和西北地区的农村金融营业点少，这种分布的主要原因有人口、地域和经济方面的因素。通过对各省份农村金融机构营业人员投入情况的比较发现，各省市数量差异较大，这与农村金融机构数量分布有着直接联系。农村金融机构的贷款余额变化很大，农村金融活动开展的范围也越来越宽，对经济的发展作用正在加大。从目前来看，金融服务产品单一，服务业务主要在存款和信贷方面，担保、保险、投资、租赁、担保、信托等业务发展严重不足。

（二）发展农村金融服务体系的意义

农村金融的出现有助于改善我国农村地区的金融供需矛盾状况，为农村经济建设提供资金保障，农村建设中有着资金效率高的优势。在市场经济条件下，效率是检验生产成败的唯一指标。农村金融植根本土，在农村建设的资金调动中有着明显的优势，它通过降低交易成本，把资金配置到效益最好的区域和项目中来提高效率。随着我国农村经济货币化程度的提高，经济建设和信息更新节奏加快，单位交易成本和信息成本会不断下降。农村金融服务还可以通过自己的中介地位和专业技能来代替资金所有者对资金使用者进行监督，降低资金所有者的风险和监督成本。另外，资金寻求高回报的性质使得农村建设中的资金从效益差的项目投向效益好的项目，有力地回避了风险、提高了效率。

农村金融服务对农村建设发挥着催化剂、助推剂和黏合剂的作用。在我国，新农村建设的各种资源都要靠资金引导。农村金融机构经营货币资金，通过货币资金运动促进商品交易，引导劳动力、土地、人才等要素的合理流动，按照市场和新农村建设的需求，迅速黏合各种生产要素，形成促进新农村建设的生产力。"十二五"时期，是深化改革开放、加快转变农业发展方式的关键时期，农村金融作为"三农"的桥梁和纽带应充分发挥好自己的功能，起到"催化剂"、"助推剂"和"黏合剂"的作用，积极推动农业发展方式的转变。

农村金融是调节新农村建设的重要杠杆。国家宏观调控体系的一个重要措施就是通过金融控制货币供应量来调节社会总需求。货币供应量和社会商品、劳务总供给保持基本平衡，就能使物价稳定。金融可以通过对农村经济"多予少取"的方针来尽量缩小城乡发展的差距。金融方面"多予"就是有针对性地加大对农村建设的资金投入，同时，降低对"三农"贷款的利率来大力发展农村经济。"少取"就是尽量降低农村生产者的融资成本，采取行政和市场的手段使农村建设融到更多的低成本资金。通过长期的"多放少取"政策，才能够逐步实现农村金融机构的供需平衡和降低城乡金融服务差距。

(三) 发展农村金融服务体系的基本思路

1. 发展农业保险金融。农业保险是一种能有效地分散和降低自然风险，进而分散和降低农村金融系统风险的有效手段。对于农业保险的发展，要有自愿与强制保险的原则。因为农业保险的效率是与参保率有直接关系的，如果完全实行自愿保险，则保险的参与率难以提高，农民的保费会很高，这时候抗风险的能力没有得到保障。而农民参保率高，则农户需要支付的保费就降低，政府的出资也可保持在合理水平。根据经验，强制保险应选择关系到国计民生的种植业和养殖业，并实行保费补贴（中央和地方财政根据各地农业风险状况和农业经济发展水平，从财政资金中各划出一定比例份额用于补贴农户的保费）。除此之外，"制定税收优惠政策。在免征种养两业营业税和印花税的同时，免征种养两业的所得税；对其他涉农保险营业税按5%先征，按3%返还，印花税按0.1%先征，按0.05%返还，将返还的税金充实风险基金。"

2. 发展非正式金融。竞争是一种优胜劣汰的自然法则，良好的竞争能加快事物向好的方向转变。非正式金融服务能及时利用分散广泛的局部知识（各地的实际情况，包括人文、地理等）来拓展各种市场，这种竞争机制可以促使金融机构提高对农户、农村中小企业的金融服务质量。我国农村正式金融服务领域不足，金融机构对农业支持力度不够，金融服务职能没有得到充分发挥；而我国非正式金融类型植根于本土，分布众多、广泛，且贴近农户和中小企业，有的甚至与农户和中小企业发生直接联系，因此，与农户和中小企业之间的信息对称性高，信息优势和成本优势大。非正式金融属于内生金融，直接面向农民、农村中小企业的需求，这种由需求跟进的运作特点决定它的需求程度高于正式金融（当前的正式金融采取供给先行的运作方式，这种方式不能根据农民、农村中小企业的需求提供及时的金融服务）。在这里笔者列举几种民间存在的非正式金融机构，民间直接接待、放贷人贷款、民间借贷中介、各种合会、未注册登记的典当行、民间私人钱庄、农民资金互助组织、集资借贷、小额信贷、民间担保企业、互助会和互助基金等。

3. 创新农村金融环境。良好的金融环境是金融市场可持续发展的重要保证。创新农村信用环境、农村法制环境和农村市场环境是农村金融市场长期繁荣稳定的保证。进一步创新农村金融环境，为农村金融市场的发展提供坚强后盾。创新农村金融环境包括以下三点：一是简化贷款手续。通过考核制度对讲信用的用户实施贷款手续简化和优先政策。二是实行利率优惠。对于优先发展的农业经济实施低息或前期无息贷款。三是提高贷款额度。对于农村的龙头企业采取扶植政策，提高对其的贷款额度。

六、提升银行个人理财产品的发展水平

（一）我国银行个人理财产品的发展背景

近年来，随着我国经济持续高速增长以及国民收入水平的不断提高，国民对于理财投资的热情也逐渐高涨，但是，我国金融市场可开展的理财投资业务比较少，中小投资者的投资目标较为匮乏和狭窄。现在对于投资者接受度比较高的投资产品有储蓄、国债、股票、房地产等。储蓄与国债是传统理财项目，具有风险低的优点，但是，在国内持续低利率以及通货膨胀的环境下，储蓄的实际收益率为负数，已经进入负利率时代，国债的实际收益率也比较低，越来越多的投资者将目光从储蓄转向到了收益率较高的投资产品上。但是，中国股票市场多数年份持续低迷，虽然经历了2006~2007年两年的火爆牛市以及2014年底到2015年6月的牛市，多数年份表现出持续低迷的态势。而且，国内股票市场发展不太规范，股票行情投机成分过大，股市中蕴涵的巨大风险并不完全适合众多的中小投资者。而近年来的热点房地产投资更是对资金门槛有较高的要求，并且最近几年房地产也已经过了最佳投资期，因此，房地产并不适合于日常理财。

在这样的环境下，银行个人理财产品作为一种新兴的投资产品，相对于储

蓄与国债有更高的收益率，相对于股票投资有较低的风险，相对于房地产有较低的门槛，因此，迅速成为中小投资者的新选择。2003年8月，中国银行在全国率先发售个人外汇理财产品；2004年9月，光大银行首次推出人民币理财产品"阳光理财B计划"，其后股份制银行都发行了个人理财产品；2005年工行等国有银行也各自推出了人民币理财产品，银行个人理财产品也逐渐为大家所接受。

（二）我国银行个人理财产品的发展现状及存在问题

1. 我国银行个人理财产品的发展现状。随着银行业务转型压力和居民多样化投资需求的增加，我国银行个人理财产品将有更大的发展空间。首先，随着我国居民收入的增加和金融市场的发展，投资者的需求也日益多样化，普通理财产品已无法满足投资者对财富保值、增值的需求，这也为各类银行个人理财产品的发展提供了内在动力。其次，随着我国金融市场的进一步发展和开放程度的进一步提高，以依靠存贷利差为主要盈利渠道的商业银行盈利模式，已经难以满足商业银行日益增加的成本需求。因此，商业银行迫切需要通过理财产品创新寻找新的利润增长点。各类银行个人理财产品属于商业银行的中间业务，有着经济资本占用率低，并且收入较高的特点，必然会成为商业银行发展的重点业务之一，这也为银行个人理财产品发展提供了外在动力。再次，相关法律法规的不断完善，保障了银行个人理财产品的发行、实施、扩大。2004年以前，金融衍生品在我国金融市场上的地位还未被合法化，2004年颁布的《金融机构衍生产品交易业务管理暂行办法》，才使银行个人理财产品的发行有法可依、有章可循。自从2004年国家颁布条例使金融衍生品合法化以后，相继又推出了各种法律法规，银行个人理财产品的发行得到保障与规范，发行数量不断增加。最后，由于P2P网络借贷平台的不断发展，商业银行传统存贷业务利润不断被压榨，由于利润空间的缩小，商业银行开始了对中间业务的开发，因此，对银行个人理财产品的开发、设计以及推广力度都有所加强。

事实上，我国银行个人理财产品近些年来的发展速度确实比较快。2006年恰逢全球股票市场、商品市场"大牛市"行情，国内各家银行争相推出各类银行个人理财产品，国内银行个人理财产品进入迅速发展时代。从2007年到现在，产品数量激增，参与机构众多，投资群体也日渐广泛，国内银行个人理财产品的发展速度已经不能小觑。同时，由于与外资银行的竞争不断加剧，商业银行自身也开始了对理财产品的开发。因此，我国银行个人理财产品的金融工程技术也在不断的发展中，银行个人理财产品的设计不断趋于合理化，数量规模也趋于上升。

2. 我国银行个人理财产品存在问题。银行个人理财产品的设计是运用了复杂的现代金融工程技术，并且产品定价涉及金融衍生品定价理论等，一般投资者很难根据宏观经济运行的实际情况选择适当的产品进行投资。另外，国内银行由于缺乏国际市场经验和金融衍生品设计、定价的专业人才，在进行具体产品设计及定价时受制于国外银行，无法针对宏观经济运行的实际情况推出适当的理财产品。此外，国内银行一般处于产品链的中下游，在激烈的竞争中当然会处于非常不利的竞争地位，且国内银行对产品的风险也难以界定与掌控。总的来说，目前，在经营银行个人理财产品的众多国内外银行中，外资银行因为自身得天独厚的外资背景，相比中资银行，在经营银行个人理财产品方面具有很大优势。目前，我国银行个人理财产品数量较多，但金融工程技术却并没有大幅提升，技术增长落后于数量的暴增，导致许多新开发的理财产品出现收益不达标。

（三）提升我国银行个人理财产品发展水平的相关措施

1. 加强金融监管。理财产品业务属于银行中间业务，中间业务面临的金融监管力度都较小。我国银行个人理财产品的披露程度低，监管难度也较大，同时，出现的问题也越来越明显，因此，加强金融监管的重要性也日益突出。举例来讲，随着一些银行个人理财产品的自主定价的放开，无序的定价必然会给银行业带来巨大的风险，所以科学的、严格的金融监管就显得尤为重要了。首先，金融监管部门应该建立一套透明、科学的管理体系，规范各个商业银行的定价，避免各个商业银行间定价的随意性以及恶意竞争的可能性；其次，金融监管部门应该及时关注银行个人理财产品的收益走势，以便于某些商业银行出现问题时对其相关理财产品的定价做出合理的指导以及调整；最后，金融监管部门应该对银行业理财产品的价格有全面的了解与监控，给商业银行以科学的指导，促进银行个人理财产品市场的有序发展，保证银行个人理财产品市场的稳定。

2. 健全风险管理机制。银行个人理财产品的定价问题除了操作风险外，还要考虑流动性风险、信用风险以及市场风险，银行个人理财产品的定价的合理性还依赖于理财产品风险管理机制的完善程度。举例来讲，流动性风险主要体现在银行个人理财产品的产品设计中提前终止条款的规定，投资者和发行者谁拥有提前终止权，相应的谁的流动风险就越小，这一点也要考虑到定价中去，如果提前终止权在发行者手中，则相应的投资者面临的流动性风险较大，所以对应的定价要比终止权在投资者手中的价格便宜。信用风险和市场风险也在很大程度上对银行个人理财产品的定价有影响。因此，完善银行个人理财产品风险管理机制是银行个人理财产品合理定价的保障。如果风险管理机制不健全，那么定价就缺乏科学的参考依据，定价必然缺乏合理性。

3. 加强信息数据系统的建设。进入大数据时代，信息数据系统的建设显得尤为重要，银行也不例外。银行个人理财产品的合理定价也有赖于银行信息数据系统的建设。具体来说，银行个人理财产品的定价需要很多数据，包括与这类产品相关的各种指数、同业价格、挂钩商品的历史波动率以及这类投资者的投资相关信息等。信息数据系统越完善，相应的定价越合理。通过对这类银行个人理财产品的投资者的信息数据的分析，可以大致推断出市场需求以及定价是否合理。进一步加强银行个人理财产品信息数据系统的建设，也为监管带来了便利，通过对银行个人理财产品数据记录的查询，很容易发现问题的症结所在。

附　　录

附表1　1990~2015年全国、辽宁存贷款余额和GDP及上市公司数

年份	全国				辽宁			
	存款余额	贷款余额	GDP	上市公司数	存款余额	贷款余额	GDP	上市公司数
1990	14012.6	17511.1	18667.8	8	900.2	850.5	1062.3	0
1991	18079.3	21338.4	21781.5	14	1125.1	1002.3	1254.3	0
1992	23468.5	26323.5	26923.5	41	1482.8	1442.2	1473.7	2
1993	29627.1	32329.4	35333.9	136	2152.6	2013.5	2012.8	3
1994	40502.5	39251.4	48197.9	191	2653.1	2514.7	2461.8	5
1995	53882.1	50544.5	60793.7	303	2874.2	2741.2	2793.4	7
1996	68595.6	61157.7	71176.6	451	3452.5	3325.4	3157.7	11
1997	82390.3	74914.5	78973.4	611	4012.5	3725.4	3490.1	24
1998	95697.9	86524.5	84402.3	742	4625.3	4213.5	3881.7	35
1999	108778.9	93734.7	89677.1	903	5210.3	4725.1	4171.7	41
2000	123804.4	99371.6	99214.6	1097	5880.2	5195.5	4669.1	45
2001	143617.2	112315.5	109655.2	1202	6521.5	5624.3	5033.1	58
2002	170917.4	131294.5	120332.7	1276	7600.5	6247.6	5458.2	59
2003	208055.6	158996.7	135822.8	1320	9025.4	7954.6	6002.5	58
2004	241424.3	177363.8	159878.3	1428	10193.4	7744.5	6672.7	58
2005	287163.3	194690.5	184937.4	1431	11196.9	7958.1	7860.9	55
2006	335459.8	225285.5	216314.4	1437	13524.2	9154.3	9251.2	52
2007	422134.3	261691.5	265810.3	1555	15117.8	10403.5	11164.3	51
2008	512452.2	303395.2	314045.4	1632	19542.1	13352.4	13668.6	53
2009	601212.2	399685.2	340902.8	1727	23351.1	16222.1	15212.5	52
2010	712515.5	474340.3	401512.8	2071	27454.1	19524.2	18457.3	60
2011	822541.3	547912.4	472881.6	2340	30216.4	21621.2	22226.7	62
2012	943256.4	673256.4	519332.8	2475	35303.5	26303.5	24801.5	70
2013	1042513.8	745265.1	583196.7	2489	38562.4	30254.7	27213.4	75
2014	1138524.3	812452.4	634043.2	2613	42254.9	34521.7	28626.6	81
2015	1397752.6	993460.5	685505.5	2827	46843.5	36282.8	28669.1	84

注：存款余额、贷款余额、GDP单位均为亿元；上市公司数单位是个。附表2~附表16与此相同。

附表2　1990~2015年吉林、黑龙江存贷款余额和GDP及上市公司数

年份	吉林				黑龙江			
	存款余额	贷款余额	GDP	上市公司数	存款余额	贷款余额	GDP	上市公司数
1990	387.5	375.2	393.9	0	512.6	415.2	715.3	0
1991	452.5	450.2	469.5	0	612.3	600.1	898.4	0
1992	512.9	523.8	558.1	0	752.3	752.4	864.8	0
1993	684.2	725.2	718.7	0	1123.2	1302.5	1203.2	1
1994	734.5	951.3	936.8	1	1356.1	1543.2	1618.6	2
1995	995.5	1456.5	1129.2	6	1555.9	1776.4	2014.5	5
1996	1002.1	1346.7	1337.2	14	1724.5	1845.2	2402.6	7
1997	1144.3	1462.1	1446.9	19	2252.3	2452.3	2708.5	11
1998	1287.5	1587.1	1557.8	24	2653.1	2756.3	2798.9	16
1999	1523.4	1771.1	1660.9	27	3017.5	3103.5	2897.4	20
2000	2000.4	2145.2	1821.2	30	3425.3	3325.1	3253.5	28
2001	2484.2	2828.3	2032.5	32	3742.8	3358.6	3561.3	31
2002	2954.6	3125.4	2348.5	33	4235.1	3349.7	3637.2	32
2003	3446.5	3422.2	2662.1	36	4956.2	3342.4	4057.4	31
2004	3854.2	3410.5	3122.9	36	5313.9	4038.9	4750.6	33
2005	4374.5	3401.3	3620.3	36	5956.3	4078.6	5511.5	33
2006	4865.2	3956.3	4275.1	35	6923.6	3971.2	6188.9	30
2007	5398.5	4361.5	5284.7	34	8825.3	4478.2	7104.9	28
2008	7012.5	5423.2	6426.1	36	10012.5	5545.1	8314.4	27
2009	8405.6	6300.4	7278.8	37	11022.5	5988.3	8587.4	27
2010	9825.6	7452.6	8667.6	37	13001.5	7145.5	10368.6	30
2011	10961.5	8240.5	10568.8	37	14328.2	8548.5	12582.5	30
2012	12812.6	9270.5	11937.5	38	16325.6	9906.5	13691.5	31
2013	14924.7	10170.5	13046.5	38	17452.1	10825.7	14582.5	31
2014	17025.4	11254.4	13803.1	39	18935.4	12024.4	15039.5	32
2015	18684.5	15309.6	14063.1	40	20015.4	13252.2	15083.7	32

附表3 1990~2015年重庆、四川存贷款余额和GDP及上市公司数

年份	重庆				四川			
	存款余额	贷款余额	GDP	上市公司数	存款余额	贷款余额	GDP	上市公司数
1990	0	0	0	0	650.3	550.4	890.9	0
1991	0	0	0	0	1002.8	921.5	1198.3	0
1992	0	0	0	0	1425.5	1356.8	1624.5	0
1993	0	0	0	0	1854.6	1802.5	2096.5	2
1994	0	0	0	0	2156.6	2305.6	2777.9	5
1995	0	0	0	0	2504.1	2804.2	3534.8	15
1996	1456.2	1354.2	1179.1	0	2954.2	3102.5	2985.2	31
1997	1624.2	1524.3	1350.1	0	3602.2	3502.5	3320.1	42
1998	1701.2	1602.5	1429.3	0	3924.5	3815.2	3580.3	49
1999	1789.1	1654.2	1479.7	22	4725.5	4402.5	3711.6	53
2000	1904.8	1881.2	1589.3	25	5124.2	4825.6	4010.3	54
2001	2294.2	1871.5	1749.8	26	5602.3	5136.5	4421.8	61
2002	2821.3	2244.5	1990.4	26	6075.4	5158.5	4725.7	63
2003	3412.5	2956.2	2272.8	27	8102.6	6425.3	5333.1	63
2004	4039.5	3246.5	2692.8	27	9956.2	7014.5	6379.6	64
2005	5212.2	3852.3	3066.9	29	11802.5	7833.5	7385.1	65
2006	6025.4	4752.3	3491.6	29	15632.2	9206.5	8637.8	64
2007	7254.2	5623.4	4676.1	30	18563.6	11012.5	10562.4	65
2008	8102.5	6384.1	5793.7	31	21456.2	13546.2	12601.2	64
2009	11032.3	9123.1	6530.5	31	24976.5	15680.5	14151.3	71
2010	14523.2	11653.2	7925.6	35	30504.1	19485.5	17185.5	82
2011	16128.5	13195.6	10011.4	37	34971.5	22514.5	21026.7	86
2012	19423.5	15594.2	11459.5	37	41130.8	25560.8	23849.5	91
2013	22253.4	17256.4	13025.4	39	48254.4	28325.7	26012.4	96
2014	25658.7	20365.7	14262.6	39	55325.7	33254.7	28536.4	98
2015	28778.8	22955.2	15717.2	40	59184.6	38011.6	30053.1	99

附表4　1990~2015年贵州、云南存贷款余额和GDP及上市公司数

年份	贵州				云南			
	存款余额	贷款余额	GDP	上市公司数	存款余额	贷款余额	GDP	上市公司数
1990	222.3	198.5	260.3	0	389.7	354.6	451.7	0
1991	243.2	213.2	299.8	0	489.5	465.8	517.4	0
1992	298.6	252.2	339.9	0	589.5	534.9	618.7	1
1993	385.6	342.5	416.1	0	715.2	689.2	779.2	5
1994	485.3	456.2	521.2	1	962.3	924.5	974.4	5
1995	621.5	598.6	630.1	3	1235.2	1125.8	1206.7	7
1996	711.2	685.2	713.7	6	1502.3	1423.5	1491.6	7
1997	821.5	785.6	793.7	8	1723.5	1602.5	1644.2	10
1998	945.3	914.5	841.9	8	1856.3	1624.5	1793.9	13
1999	1032.4	1002.4	911.9	10	2012.5	1724.5	1855.7	15
2000	1106.5	1064.3	993.5	13	2465.3	2121.3	1955.1	17
2001	1356.8	1235.4	1084.9	13	2956.4	2465.3	2074.7	18
2002	1553.2	1404.6	1243.4	13	3325.3	2756.3	2312.8	18
2003	1889.5	1702.5	1426.3	14	3747.5	2955.6	2556.5	18
2004	2256.4	1987.6	1677.8	14	4656.2	3565.2	3081.9	21
2005	2777.5	2303.6	1979.1	15	5563.4	4656.2	3472.9	21
2006	3425.2	2902.5	2282.2	15	6131.2	4803.6	4006.7	23
2007	3956.2	3102.5	2884.1	17	7956.2	6523.1	4772.5	26
2008	4737.5	3569.6	3561.6	17	9012.5	7725.6	5692.1	27
2009	5765.2	4756.5	3912.7	17	11119.6	8779.5	6169.8	27
2010	7125.6	5745.2	4602.2	19	13564.3	10223.5	7224.2	29
2011	8742.5	6841.5	5701.8	19	15356.8	12114.5	8893.1	29
2012	10540.2	8274.5	6802.5	21	17966.5	13848.6	10309.5	29
2013	11925.7	9587.3	7956.4	21	19354.8	15021.4	11832.7	31
2014	13865.4	10958.4	9266.3	23	21753.7	16854.7	12814.5	31
2015	19438.6	15051.6	10502.6	23	25035.6	20842.3	13619.1	32

附表5　　1990~2015年西藏、陕西存贷款余额和GDP及上市公司数

年份	西藏				陕西			
	存款余额	贷款余额	GDP	上市公司数	存款余额	贷款余额	GDP	上市公司数
1990	38.6	30.7	27.7	0	201.6	185.6	404.3	0
1991	45.8	38.6	30.5	0	243.5	223.5	478.2	0
1992	50.3	40.5	33.3	0	275.6	254.2	540.5	0
1993	62.5	44.3	37.3	0	330.2	312.5	671.4	3
1994	80.6	45.6	45.8	0	425.3	398.2	816.6	5
1995	104.5	50.6	56.9	1	1520.3	1305.5	1000	7
1996	128.6	60.5	64.8	1	1725.6	1524.6	1175.4	10
1997	135.2	60.7	77.5	2	1892.5	1602.5	1326.6	14
1998	150.2	65.4	91.2	4	2014.7	1859.6	1381.5	18
1999	175.6	70.5	105.6	5	2212.3	2013.2	1487.6	20
2000	198.6	89.5	117.5	7	2541.2	2235.2	1660.9	22
2001	212.9	96.6	138.7	8	2856.2	2356.4	1844.3	24
2002	265.2	125.6	166.6	8	3025.4	2456.3	2253.4	25
2003	322.3	145.1	189.1	8	3854.2	2756.4	2587.7	26
2004	389.5	165.4	220.3	8	5423.5	3562.4	3175.6	27
2005	456.3	179.3	250.2	8	6445.6	3985.6	3772.7	27
2006	523.4	201.8	291.7	8	7524.3	4562.3	4523.7	25
2007	643.2	223.8	341.4	8	8501.5	5123.7	5757.3	26
2008	805.4	230.5	394.9	8	11254.2	7021.2	7314.6	28
2009	1028.4	248.2	441.4	9	14023.5	8236.2	8169.8	30
2010	1354.2	350.6	507.5	9	17235.6	9925.6	10123.5	36
2011	1662.5	409.1	605.8	9	19227.1	11865.3	12512.3	37
2012	2054.2	664.3	701.3	10	22843.2	14138.6	14451.2	38
2013	2324.4	824.7	802.5	10	25726.7	17025.1	16424.3	39
2014	2688.7	1025.3	920.8	10	28861.7	19115.6	17685.4	41
2015	3671.5	2142.6	1026.4	11	32685.5	22096.8	18021.6	41

附表6　1990～2015年甘肃、青海存贷款余额和GDP及上市公司数

年份	甘肃				青海			
	存款余额	贷款余额	GDP	上市公司数	存款余额	贷款余额	GDP	上市公司数
1990	256.5	246.1	242.2	0	57.5	80.6	62.5	0
1991	320.2	298.6	289.6	0	65.8	90.5	73.5	0
1992	351.2	332.5	317.8	0	74.9	104.5	87.5	0
1993	452.3	432.5	372.2	1	84.5	134.7	109.6	0
1994	582.1	575.2	451.7	1	110.5	176.2	138.2	0
1995	628.2	681.2	553.4	3	138.4	224.6	165.3	1
1996	821.3	792.1	714.2	5	165.4	274.3	183.6	2
1997	953.2	895.2	781.3	8	192.1	281.5	202.1	4
1998	1102.3	1003.2	869.8	10	234.1	294.2	220.2	4
1999	1222.3	1213.5	932.4	13	263.5	304.3	238.4	5
2000	1402.9	1171.2	983.4	12	308.2	365.4	263.6	7
2001	1724.3	1453.2	1072.5	15	391.2	442.5	301.4	7
2002	1952.1	1653.2	1232.6	16	467.2	480.2	340.7	8
2003	2129.6	1727.3	1399.8	17	538.2	564.2	390.2	8
2004	2532.1	1852.2	1688.5	18	607.2	621.5	466.1	8
2005	2895.6	1923.5	1934.1	18	737.5	641.2	543.3	9
2006	3316.5	2112.5	2276.7	18	903.5	729.4	641.6	9
2007	3748.2	2406.5	2702.4	21	1105.2	882.4	797.4	9
2008	4752.3	2731.5	3166.8	22	1389.3	1033.4	1018.6	9
2009	5882.4	3649.5	3387.6	22	1789.2	1399.4	1081.3	9
2010	7012.5	4762.3	4120.8	24	2319.2	1822.5	1350.4	9
2011	8460.5	5736.2	5020.4	24	2825.4	2231.6	1670.4	9
2012	10129.3	7196.5	5650.8	24	3528.3	2791.6	1884.5	10
2013	11535.4	8632.5	6052.4	25	3925.4	3254.2	2104.5	10
2014	12835.4	9935.7	6836.5	25	4523.5	3799.4	2303.3	10
2015	16299.5	13728.9	6790.3	25	5227.9	5124.10	2417.5	10

附表7　　1990~2015年宁夏、新疆存贷款余额和GDP及上市公司数

年份	宁夏				新疆			
	存款余额	贷款余额	GDP	上市公司数	存款余额	贷款余额	GDP	上市公司数
1990	58.2	47.3	64.8	0	302.3	285.2	261.5	0
1991	70.3	65.4	75.5	0	482.2	452.2	330.5	0
1992	80.6	75.6	83.1	0	610.2	562.1	402.3	2
1993	105.3	98.6	103.8	0	701.2	652.3	505.6	5
1994	142.3	130.2	134.4	1	810.2	752.1	673.7	7
1995	185.2	170.5	169.8	2	910.2	862.5	825.1	11
1996	230.2	215.6	193.6	4	1081.2	1023.1	912.2	11
1997	249.5	240.5	210.9	6	1181.5	1215.3	1050.1	15
1998	280.3	269.3	227.5	8	1398.2	1324.2	1116.7	17
1999	340.5	320.5	241.5	10	1598.2	1398.2	1168.6	19
2000	396.4	383.4	265.6	10	1863.1	1403.5	1364.4	20
2001	584.2	552.6	298.4	11	2102.3	1687.2	1485.5	21
2002	695.3	652.3	377.2	11	2456.2	1885.2	1612.7	23
2003	795.2	742.4	445.4	12	2725.3	2001.3	1886.4	25
2004	993.7	841.5	537.2	12	2959.3	2219.3	2209.1	27
2005	1025.6	901.2	606.3	12	3554.2	2356.2	2604.2	27
2006	1140.2	993.8	710.8	12	4125.3	2501.2	3045.3	29
2007	1524.3	1398.3	919.1	12	4614.2	2685.3	3523.2	30
2008	1812.3	1625.3	1203.9	12	6523.1	3615.3	4183.2	32
2009	2140.3	1925.3	1353.3	12	7852.3	4512.3	4277.1	34
2010	2586.6	2398.7	1689.7	12	9012.3	5423.1	5437.5	36
2011	2956.2	2783.2	2102.2	12	10387.5	6270.3	6610.1	37
2012	3507.6	3372.3	2326.3	12	12330.5	7914.6	7530.5	39
2013	3824.5	3824.2	2514.5	12	14124.5	8925.4	8443.2	39
2014	4321.4	4351.4	2752.6	12	16234.7	10123.4	9273.4	40
2015	4652.9	4625.8	2911.7	12	18566.4	11256.4	9324.6	40

附表8　　1990~2015年内蒙古、广西存贷款余额和GDP及上市公司数

年份	内蒙古				广西			
	存款余额	贷款余额	GDP	上市公司数	存款余额	贷款余额	GDP	上市公司数
1990	288.9	252.6	319.2	0	395.5	325.4	449.6	0
1991	356.3	312.6	375.6	0	498.5	432.5	532.4	0
1992	400.8	358.7	421.7	0	596.6	515.4	646.6	0
1993	507.9	485.7	532.8	0	789.5	152.5	893.6	1
1994	650.6	648.9	681.9	1	1358.8	1125.5	1241.8	1
1995	804.5	798.7	832.9	3	1425.8	1365.8	1606.2	2
1996	967.4	940.8	984.8	7	1598.6	1498.2	1869.6	7
1997	1022.6	965.7	1094.5	12	1798.5	1523.5	2015.2	10
1998	1056.3	988.4	1192.3	16	1792.2	1516.3	1903.4	13
1999	1156.5	1025.4	1268.2	19	2013.5	1598.5	1953.3	17
2000	1270.1	1340.5	1401.3	20	2269.1	1613.1	2050.1	19
2001	1502.5	1602.5	1545.8	21	2712.3	1923.5	2231.2	19
2002	1789.6	1775.6	1940.9	21	3056.2	2346.5	2523.7	20
2003	2090.4	1924.6	2388.4	21	3356.2	2654.5	2821.1	22
2004	2845.6	2623.4	3041.1	22	3856.4	2856.4	3433.5	22
2005	3562.4	3426.5	3895.6	23	4202.5	3025.8	4075.8	22
2006	4036.5	3205.6	4791.5	22	5523.6	3902.5	4828.5	22
2007	5935.4	5324.2	6423.2	22	6305.8	4956.2	5823.4	23
2008	7205.6	6945.2	8496.2	22	7075.1	5110.3	7021.3	25
2009	9302.5	7015.4	9740.3	22	9856.3	7825.3	7759.2	26
2010	11405.2	9425.8	11672.5	22	11235.2	9102.5	9569.9	27
2011	12063.5	9727.5	14359.9	23	13527.9	10646.3	11720.9	29
2012	13612.5	11284.6	15988.6	24	15966.3	12355.5	13031.5	30
2013	14524.2	12624.2	16523.5	24	17254.4	14332.5	14449.5	30
2014	15725.4	14025.7	17770.2	26	19325.4	16585.5	15672.9	32
2015	18077.6	17140.7	17831.5	23	21652.5	18652.4	16803.2	32

附表9　　1990~2015年河南、湖北存贷款余额和GDP及上市公司数

年份	河南				湖北			
	存款余额	贷款余额	GDP	上市公司数	存款余额	贷款余额	GDP	上市公司数
1990	725.5	700.5	934.2	0	752.4	710.8	824.5	0
1991	856.2	821.5	1102.3	0	910.2	885.2	950.2	0
1992	982.5	902.5	1279.8	0	985.6	962.5	1088.4	2
1993	1302.9	1125.5	1662.8	2	1265.2	1023.5	1424.4	5
1994	2015.8	1825.3	2224.4	3	1665.4	1565.2	1878.7	7
1995	2512.5	2402.9	3002.7	7	2265.4	2185.6	2391.4	13
1996	2707.6	2665.5	3661.2	13	2625.5	2565.4	2970.2	15
1997	3256.2	3102.5	4079.3	20	2705.8	2765.2	3450.2	21
1998	3802.5	3687.6	4356.6	22	2801.2	3500.3	3704.2	25
1999	4325.5	4054.5	4576.1	24	3125.4	3225.2	3858.8	28
2000	4753.2	4356.2	5137.7	25	3572.3	3493.5	4276.3	54
2001	5725.3	5226.4	5640.1	25	4256.2	4032.5	4662.3	59
2002	6524.5	6125.4	6035.5	28	5123.5	4523.2	4212.8	60
2003	7625.6	6865.5	6867.7	30	6132.5	4725.3	4757.5	60
2004	8756.2	7025.5	8553.8	32	6956.2	5123.5	5633.2	65
2005	10003.5	7434.6	10587.4	33	8184.5	5649.5	6520.1	64
2006	12053.5	8855.2	12496.3	32	10254.2	6521.5	7581.3	63
2007	14253.2	9254.2	15012.5	36	11254.2	7625.3	9333.4	63
2008	15255.5	10368.5	18018.5	38	13574.5	8752.2	11328.9	64
2009	19812.5	12895.2	19480.5	41	18526.2	11254.2	12961.1	67
2010	22452.2	15682.2	23092.4	51	21548.2	14025.3	15967.6	73
2011	26646.2	17506.5	26931.7	62	24148.6	16395.6	19632.3	81
2012	31648.5	20033.5	29810.5	65	28257.6	19032.6	22250.6	82
2013	35241.2	23254.3	31245.2	70	32012.4	22354.6	24925.3	85
2014	39254.7	26865.4	34938.5	73	35354.2	25634.5	27379.5	87
2015	47629.5	31432.6	3702.76	73	41345.8	29514.6	29550.2	87

附表10　1990~2015年湖南、山西存贷款余额和GDP及上市公司数

年份	湖南				山西			
	存款余额	贷款余额	GDP	上市公司数	存款余额	贷款余额	GDP	上市公司数
1990	602.5	502.1	744.2	0	385.6	392.5	429.3	0
1991	752.5	600.5	851.3	0	410.2	418.5	495.2	0
1992	852.1	741.5	997.4	0	452.3	502.1	570.6	0
1993	956.5	856.2	1278.3	2	571.2	638.6	704.7	1
1994	1125.6	900.5	1694.4	4	623.5	710.5	853.8	1
1995	1456.2	1356.2	2195.7	7	900.5	923.5	1092.5	4
1996	1725.9	1201.5	2647.2	16	1102.5	1023.5	1308.2	7
1997	1925.3	1553.5	2993.4	22	1402.5	1420.5	1480.1	11
1998	2256.2	1856.4	3118.1	25	1725.2	1523.2	1486.1	14
1999	2562.3	2012.5	3326.8	31	2235.2	2012.3	1506.8	17
2000	2756.5	2235.2	3691.9	32	2628.5	2453.2	1643.8	18
2001	3342.5	2787.5	3983.3	34	3356.2	3125.2	1780.8	18
2002	4012.5	3325.6	4151.5	34	4012.3	3756.2	2324.8	20
2003	4774.6	3900.5	4660.5	38	5126.5	3953.2	2855.2	22
2004	5562.2	4201.2	5641.9	44	6235.2	4125.3	3571.4	23
2005	6589.5	4590.2	6511.3	44	7151.2	4328.5	4179.5	23
2006	7625.3	5326.2	7568.9	46	8963.2	4956.2	4752.5	25
2007	8956.2	6125.6	9439.6	46	11254.1	5423.2	6024.5	25
2008	10895.3	6989.5	11555.5	48	12827.5	6041.5	7315.4	26
2009	13542.1	9102.5	13059.7	52	16253.2	8953.2	7358.3	27
2010	16548.2	11025.3	16038.8	62	19563.2	10025.2	9200.9	30
2011	19444.1	13462.5	19669.6	69	21003.2	11265.5	11237.6	33
2012	23148.2	15648.6	22154.2	75	24157.6	13211.5	12112.5	34
2013	26564.2	17302.5	24621.7	79	25562.2	15654.2	12665.4	36
2014	29825.4	19543.6	27037.6	84	26942.5	16559.2	12761.5	38
2015	36220.6	24221.6	28902.2	84	28641.5	18574.6	12766.4	38

附表11　1990~2015年安徽、江西存贷款余额和GDP及上市公司数

年份	安徽				江西			
	存款余额	贷款余额	GDP	上市公司数	存款余额	贷款余额	GDP	上市公司数
1990	402.1	389.7	658.6	0	389.2	380.7	428.6	0
1991	588.6	456.2	714.6	0	420.5	440.9	498.3	0
1992	702.3	589.6	801.2	0	523.2	545.6	572.6	0
1993	921.3	825.6	1069.8	3	610.2	623.5	723.1	2
1994	1125.6	985.6	1488.5	3	635.5	689.5	948.2	3
1995	1354.5	1254.5	2003.6	3	704.5	874.5	1205.1	7
1996	1425.3	1253.9	2339.3	10	902.5	1002.3	1517.3	10
1997	1635.2	1425.8	2670.4	14	1045.6	1256.2	1715.2	12
1998	1825.6	1724.5	2805.5	19	1295.5	1425.6	1852.5	14
1999	2012.3	1956.2	2908.6	20	1562.3	1602.5	1853.7	16
2000	2485.6	2384.6	3038.2	26	1966.2	1739.2	2003.1	17
2001	3125.3	2853.6	3290.1	28	2532.2	2136.5	2175.7	18
2002	3865.2	3256.2	3519.7	35	3001.2	2452.3	2450.5	23
2003	4526.3	3925.3	3923.1	36	3654.2	2654.2	2807.4	24
2004	5235.2	4156.2	4759.3	46	4003.2	2856.2	3456.7	25
2005	5993.2	4313.2	5375.1	47	4445.6	3019.6	4056.8	25
2006	7325.2	5123.5	6148.7	47	5623.2	3562.2	4670.5	26
2007	8956.2	6235.4	7360.9	51	6654.2	4012.5	5800.3	26
2008	10303.2	6948.6	8851.7	55	7206.2	4544.6	6971.1	26
2009	13658.2	9012.5	10062.8	57	9856.3	6598.2	7655.2	26
2010	16584.3	11022.5	12359.3	65	11598.5	8001.5	9451.3	30
2011	19404.6	13729.5	15300.7	77	14322.1	9175.2	11702.8	31
2012	22977.3	16294.3	17212.3	78	16839.6	11080.2	12948.5	33
2013	25825.4	19354.2	19254.6	85	18865.4	13025.4	14412.2	35
2014	28025.7	22956.1	20848.3	90	20232.4	14835.4	15714.6	37
2015	34482.6	25489.6	22005.6	90	24785.6	18348.7	16723.5	37

附表12　　1990~2015年北京、河北存贷款余额和GDP及上市公司数

年份	北京				河北			
	存款余额	贷款余额	GDP	上市公司数	存款余额	贷款余额	GDP	上市公司数
1990	602.3	485.2	500.8	0	890.2	881.2	896.3	0
1991	956.2	658.2	602.5	0	910.2	985.5	1102.4	0
1992	1365.8	985.6	709.1	3	998.5	1024.2	1278.5	0
1993	1968.2	1122.4	863.5	7	1046.5	1431.5	1690.8	0
1994	2956.3	1532.5	1084.8	11	1756.2	1954.2	2187.5	1
1995	3527.2	1779.6	1394.9	23	2654.2	2523.2	2849.5	6
1996	4032.5	2423.5	1615.7	35	3256.2	3012.5	3453.4	10
1997	5123.6	2956.2	1810.1	41	3954.2	3725.5	3953.8	15
1998	6956.2	3562.3	2011.3	43	4562.2	3954.2	4256.7	19
1999	8231.5	4765.3	2174.5	50	5028.6	4166.5	4569.2	25
2000	9705.4	5944.6	2478.8	57	6012.2	4802.4	5089.1	27
2001	13562.3	9023.2	2845.7	65	6852.2	5126.2	5577.8	28
2002	17658.2	11658.5	4330.4	71	7214.5	5426.2	6018.3	31
2003	21563.2	13365.2	5023.8	75	8123.2	5865.2	6921.3	32
2004	25356.2	14563.2	6060.3	83	9205.5	6204.5	8477.6	36
2005	28970.5	15335.8	6886.3	82	10764.5	6415.5	10096.1	37
2006	33568.1	14798.5	7870.3	92	12982.5	7125.5	11660.4	36
2007	38946.5	18563.2	9846.8	105	15023.5	8235.5	13607.3	36
2008	43982.5	23012.2	11115.4	111	17709.6	9453.5	16012.3	36
2009	56230.2	28563.2	12153.6	127	20123.5	12562.2	17235.5	35
2010	66353.2	34562.3	14113.6	163	25264.2	15213.5	20394.3	44
2011	75001.9	39660.5	16251.9	194	29563.5	18144.6	24515.8	47
2012	84837.6	43189.6	17801.5	212	34013.5	20850.6	26575.6	47
2013	95324.5	47253.1	20102.4	232	38001.5	22543.4	28465.3	48
2014	10652.4	51256.8	21304.2	260	42301.4	24865.7	29421.5	49
2015	125295.5	58559.6	23014.6	281	48550.3	32151.6	29806.1	49

附表 13　　1990~2015 年江苏、上海存贷款余额和 GDP 及上市公司数

年份	江苏				上海			
	存款余额	贷款余额	GDP	上市公司数	存款余额	贷款余额	GDP	上市公司数
1990	1265.9	1025.6	1416.5	0	723.5	698.6	781.6	5
1991	1425.3	1365.5	1789.3	0	900.5	892.6	953.4	8
1992	1725.6	1525.3	2136.4	1	999.5	925.6	1114.3	17
1993	2856.3	2765.5	2998.2	5	1452.6	1365.2	1511.6	53
1994	3625.3	3125.5	4057.4	8	1856.2	1752.3	1971.9	70
1995	4525.3	4023.5	5155.3	16	2563.5	2456.2	2462.6	82
1996	5526.3	5025.3	6004.2	25	3156.3	2956.4	2902.2	87
1997	6025.3	5714.5	6680.3	33	3952.6	3654.2	3360.8	98
1998	6578.5	5063.5	7200.7	37	5261.3	4856.2	3688.9	112
1999	8002.3	7025.5	7697.8	41	6752.3	6125.3	4035.5	135
2000	10425.3	8562.3	8582.7	57	7771.5	5959.6	4551.2	149
2001	12365.2	9002.5	9511.9	63	10205.6	7896.2	4950.8	151
2002	13568.5	10425.3	10606.9	71	14526.8	11023.5	5741.4	154
2003	15387.5	11299.6	12442.9	81	18956.2	13586.2	6694.2	156
2004	17895.6	13502.3	15003.6	88	21542.6	15268.4	8072.8	160
2005	22001.3	15396.5	18305.7	91	23320.5	16798.5	9164.1	159
2006	27563.2	21568.5	21645.1	82	27568.2	19856.5	10366.4	159
2007	33256.2	24568.8	26018.5	112	32586.5	22658.6	12494.8	160
2008	37017.5	26160.2	30982.4	120	35589.6	24166.5	14069.9	160
2009	46253.2	34205.6	34457.3	130	43568.2	32568.2	15046.5	167
2010	55263.5	39562.2	41425.5	168	51458.5	35486.5	17166.3	180
2011	65723.6	47868.6	49110.3	214	58186.5	37196.8	19195.7	199
2012	75481.2	54412.6	54058.9	231	63555.2	40982.6	20101.3	199
2013	85254.3	60254.3	58312.5	265	70253.2	43253.2	21815.1	201
2014	96542.3	66354.2	65854.2	291	76325.1	46854.2	23567.4	201
2015	107873.6	78866.3	70116.4	302	103760.5	53387.2	25123.4	201

附表14　1990~2015年浙江、福建存贷款余额和GDP及上市公司数

年份	浙江				福建			
	存款余额	贷款余额	GDP	上市公司数	存款余额	贷款余额	GDP	上市公司数
1990	885.2	754.2	904.3	1	489.5	452.6	522.3	0
1991	1025.6	912.3	1123.6	2	623.5	599.8	684.3	0
1992	1256.5	1125.8	1365.1	3	700.2	687.2	787.7	0
1993	1856.3	1756.8	1909.7	7	992.5	972.5	1133.5	2
1994	2654.5	2584.6	2666.9	7	1425.6	1256.2	1685.3	3
1995	3758.6	3565.2	3524.8	12	1968.5	1825.8	2160.5	7
1996	4252.6	4254.6	4146.1	20	2435.6	2258.3	2583.8	15
1997	5365.2	4923.5	4638.2	25	2958.6	2754.5	3000.4	24
1998	5723.5	5236.4	4987.5	34	3325.8	3125.8	3286.6	30
1999	6102.5	4956.2	5364.9	42	3658.5	3325.6	3550.2	37
2000	7299.6	5423.6	6036.3	51	4025.6	3827.9	3920.1	39
2001	9256.2	7125.6	6748.2	52	4302.5	3825.4	4253.7	40
2002	11242.8	8612.3	8003.7	59	5026.5	4725.6	4467.6	45
2003	14253.6	11125.3	9705.7	62	5862.5	5125.6	4983.7	44
2004	17586.2	14582.3	11648.7	88	7256.5	6325.4	5763.4	47
2005	21118.5	17122.8	13437.9	86	8106.5	7125.6	6568.9	46
2006	25456.2	21453.2	15742.5	89	9128.6	8524.6	7614.6	47
2007	28123.2	25456.2	18753.7	116	11562.3	10023.5	9248.5	51
2008	35471.5	29658.3	21462.7	128	12172.5	9891.6	10823.4	56
2009	42256.2	38125.3	22990.4	137	15265.3	13658.5	12236.5	58
2010	52653.2	45263.5	27722.3	185	17456.2	16253.5	14737.1	74
2011	60893.5	53239.5	32318.9	224	21571.6	18982.6	17560.2	83
2012	66676.5	59509.6	34606.8	246	25057.6	22427.5	19701.5	86
2013	72563.4	66235.4	39546.2	275	28964.5	26513.1	22131.4	92
2014	77526.4	73658.5	40173.5	293	29234.4	30021.1	24055.3	103
2015	90302.8	76466.8	42886.3	306	36845.4	33694.7	25979.8	110

附表15　　1990~2015年广东、海南存贷款余额和GDP及上市公司数

年份	广东				海南			
	存款余额	贷款余额	GDP	上市公司数	存款余额	贷款余额	GDP	上市公司数
1990	1425.6	1402.5	1559.3	2	109.9	156.9	102.4	0
1991	1726.5	1602.5	1824.1	4	190.2	213.5	142.3	0
1992	2125.6	2002.8	2293.5	5	256.1	284.2	181.7	5
1993	3325.6	3102.5	3225.3	10	325.5	340.5	258.1	7
1994	4725.6	4325.4	4240.6	15	422.3	423.2	331.3	8
1995	5479.5	4925.6	5381.7	21	557.1	558.1	364.2	8
1996	6525.2	5326.5	6519.1	30	652.7	646.7	389.5	10
1997	7956.5	6215.5	7315.5	36	742.3	758.1	409.9	12
1998	12056.8	9256.2	7919.1	45	798.5	778.5	438.9	14
1999	14526.2	10258.6	8464.3	58	812.5	800.5	471.2	19
2000	16908.5	11716.3	9662.2	127	895.2	889.5	518.5	20
2001	20145.2	14568.2	10647.7	154	985.6	950.4	546.4	21
2002	25345.2	18204.2	13502.4	156	1023.5	999.7	622.8	22
2003	29640.5	20113.5	15844.6	159	1102.5	1089.2	693.2	22
2004	35241.2	21456.2	18864.6	170	1159.3	920.5	798.9	24
2005	38229.5	23261.8	22366.5	169	1356.3	1102.5	894.6	24
2006	45263.5	38256.5	26204.5	174	1825.3	1302.5	1052.9	24
2007	51256.4	41562.5	31777.1	188	2254.2	1625.3	1254.2	24
2008	56119.2	43835.6	36796.7	202	2856.2	1825.3	1503.1	24
2009	69258.6	42563.2	39482.6	225	3175.5	1940.5	1654.2	24
2010	82563.4	51324.5	46013.1	294	3756.5	2563.1	2064.5	25
2011	91590.1	58625.6	53210.3	339	4504.5	3194.5	2522.7	25
2012	105099.3	67077.8	57067.5	369	5109.6	3889.5	2855.6	26
2013	113254.2	78563.2	62456.3	399	5736.2	4563.2	3177.6	27
2014	125124.6	89523.5	67809.5	426	6325.8	5135.6	3500.7	27
2015	160228.5	95661.7	72812.6	446	7637.8	6650.6	3702.7	27

附表16　　1990~2015年山东、天津存贷款余额和GDP及上市公司数

年份	山东				天津			
	存款余额	贷款余额	GDP	上市公司数	存款余额	贷款余额	GDP	上市公司数
1990	934.5	1167.5	1511.1	0	430.2	330.2	310.4	0
1991	1425.3	1562.4	1895.1	0	625.5	526.1	350.2	0
1992	1896.5	1952.4	2196.6	0	841.2	712.5	411.2	0
1993	2635.1	2514.2	2779.5	6	1002.5	856.1	536.1	3
1994	3125.4	3002.1	3872.2	7	1212.3	1000.3	725.1	5
1995	3654.2	3452.1	5002.3	7	1295.6	1125.4	920.1	7
1996	4293.8	3680.2	5960.4	15	1389.5	1256.2	1102.4	10
1997	4925.3	4352.4	6650.6	28	1452.2	1300.2	1240.5	14
1998	5755.2	5106.2	7162.2	38	1489.5	1324.5	1336.4	16
1999	6354.3	5724.5	7662.1	45	1542.1	1352.1	1450.1	19
2000	7471.2	6209.5	8542.4	50	2281.5	1863.2	1639.4	19
2001	8854.4	7354.2	9438.3	61	3125.4	2954.6	1840.1	20
2002	10247.5	8536.4	10275.5	70	3985.2	3254.2	2150.8	21
2003	12438.5	10467.6	12078.2	71	4523.1	4025.4	2578.4	22
2004	14514.2	11782.5	15021.8	78	5139.5	4146.5	3111.4	22
2005	16024.2	12922.5	18516.9	79	6425.6	5126.4	3697.6	22
2006	17478.5	13874.6	22077.4	80	7015.4	5872.5	4359.2	22
2007	22543.2	17215.4	25776.9	88	8242.5	6543.1	5252.8	26
2008	26930.5	20053.4	30933.3	97	11262.5	9123.4	6719.7	28
2009	35170.6	27385.6	33896.7	100	13518.6	10879.6	7521.9	28
2010	41653.2	32536.4	39169.9	126	15213.4	13241.2	9224.5	34
2011	46986.5	37521.5	45361.9	147	16889.2	15112.4	11307.3	35
2012	55386.3	42899.5	50013.6	150	20293.5	18396.5	12885.6	38
2013	63254.2	50231.5	55230.5	163	23256.5	20325.4	14445.3	41
2014	69254.2	55362.4	59426.5	180	25632.4	22653.4	15726.5	43
2015	76795.8	59063.7	63002.3	192	28147.3	25993.4	16538.2	45

主要参考文献

书目类

[1] 白钦先，郭翠荣主编．各国金融体制比较［M］．中国金融出版社，2001．

[2] 孙刚主编．当代国际金融体系演进及发展趋势［M］．东北财经大学出版社，2004．

[3] 罗美娟，何晓夏著．中国不发达地区金融发展研究［M］．云南人民出版社，2012．

[4] 郑长德著．中国区域金融问题研究［M］．中国财政经济出版社，2007．

[5] 刘仁伍著．区域金融结构和金融发展理论与实证研究［M］．经济管理出版社，2003．

[6] 罗美娟著．证券市场与产业成长［M］．商务印书馆，2001．

[7] 陈秀山，张可云著．区域经济理论［M］．商务印书馆，2003．

[8] 金德环，许谨良．中国金融发展报告［M］．上海财经大学出版社，2001．

[9] 白钦先等．金融可持续发展理论研究导论［M］．中国金融出版社，2001．

[10] 董贵昕．金融泡沫的形成、运行与控制研究［M］．复旦大学出版社，2005．

[11] 谈儒勇．金融发展理论与中国金融发展［M］．中国经济出版社，2000．

[12] 孔祥毅．百年金融制度变迁与金融协调［M］．中国社会科学出版社，2002．

[13] 斯蒂文·L．西瓦茨．结构金融：资产证券化原理指南［D］．清华大学出版社，2003．

中文文章类

[1] 卢峰,姚洋.金融压抑下的法治、金融发展和经济增长[J].中国社会科学,2004(1):42-55.

[2] 杨贵宾,李燕妮.金融发展理论的最新研究动态[J].上海金融,2005(3):22-24.

[3] 吴秋璟,胡旭阳.金融发展理论前沿及评述[J].现代经济探讨,2006(8):37-40.

[4] 韩廷春.金融发展与经济增长的内生机制[J].清华大学学报,2003(1):80-85.

[5] 陈国进.日本金融制度变迁的路径依赖和适应效率[J].金融研究,2001(12):23-31.

[6] 杜询诚.近代中外金融制度变迁比较[J].中国经济史研究,2002(3):26-35.

[7] 何国华.发达国家金融体系的演进考[J].广东金融学院学报,2006(9):14-19.

[8] 孔凡保.公司治理结构与金融体系的演进[J].首都经济贸易大学学报,2003(3):51-54.

[9] 韩正清.我国金融体系演进分析[J].重庆工学院学报,2005(2):61-65.

[10] 比伦特·格卡伊达雷尔·惠特曼著.房广顺,车艳秋译.战后国际金融体系演进三个阶段和全球经济危机[J].国外理论动态,2011(1):14-24.

[11] 温辉,杨建清.我国金融体系功能的演进与经济增长[J].经济纵横,2011(3):91-94.

[12] 杜云福.国际小额信贷机构治理结构与动作的比较及启示[J].海南金融,2008(11):49-51.

[13] 杨苗苗,韦豪,张云.亚洲微型金融动作模式及启示[J].现代金融,2009(8):121-122.

[14] 石晶.孟加拉国乡村银行模式对发展我国农村小额信贷的启示[J].税务与经济,2010(2):38-41.

[15] 周立,周向阳.中国农村金融体系的形成与发展逻辑[J].经济学家,2009(8):22-30.

[16] 任九腊,任建华,罗泳泳.德国金融体系发展过程及优缺点[J].

青春岁月，2012（10）：12-20.

[17] 张薄洋，牛凯龙. 金融发展指标的演进逻辑及对中国的启示 [J]. 南开经济研究，2005（1）：79-55.

[18] 周立. 中国金融改革要求金融制度转变 [J]. 世界经济，2001（2）：45-60.

[19] 周立，王子明. 中国各地区金融发展与经济增长实证分析：1978~2000 [J]. 金融研究，2002（10）：26-37.

[20] 周好文，钟永红. 中国金融中介发展与地区经济增长：多变量 VaR 系统分析 [J]. 金融研究，2004（6）：38-47.

[21] 王修华. 我国区域金融发展差异的比较 [J]. 经济地理，2007（2）：183-186.

[22] 战明华. 金融深化的指标体系及其关系 [J]. 浙江大学学报（人文社会科学版），2002（5）：103-109.

[23] 郑长德. 中国金融发展地区差异的泰尔指数分解及其形成因素分析 [J]. 金融与保险，2008（7）：7-13.

[24] 杨雪峰. 中国与印度经济增长比较：基于金融发展的视角 [J]. 亚太经济，2006（2）：30-39.

[25] 齐梅英，卜微微. 我国区域金融发展差异动态趋势研究——基于泰尔指数的测算 [J]. 哈尔滨金融高等专科学校学报，2010（4）：1-4.

[26] 段福印. 衡量我国金融结构和金融发展水平的指标及其运用 [J]. 华东师范大学学报（哲学社会科学版），1997（2）：33-36.

[27] 田箐. 中国区域金融发展：差异、特点及政策研究 [J]. 财经问题研究，2011（2）：63-70.

[28] 严武军. 中国区域金融差异分析 [J]. 云南财经大学学报（社会科学版），2011（4）：69-72.

[29] 李学文，李明贤. 中国地区金融发展水平的评价与实证分析 [J]. 云南财经大学学报（哲学社会科学版），2007（5）：62-67.

[30] 黄桂良. 国内外区域金融差异研究综述与简评 [J]. 区域金融研究，2010（7）：36-39.

[31] 黄瑞玲，李子联. 中印两国金融发展与经济增长——基于1982~2006年的截面数据比较 [J]. 南亚研究季刊，2008（3）：27-37.

[32] 范辰，刁莉. 金融发展与经济增长——基于印度金融业的经验研究 [J]. 贵州财经学院学报，2010（2）.

[33] 黄磊. 金融制度创新的几个理论问题 [J]. 当代财经, 2001: 36-39.

[34] 严存宝. 我国金融体系创新的现实与选择 [J]. 内蒙古财经学院学报, 2007（2）.

[35] 殷茵, 牛美瑜, 牛可. 从我国金融体系建设谈金融创新 [J]. 济南金融, 2003（2）.

[36] 苏亮瑜. 对金融分业监管模式的反思 [J]. 金融与经济, 2005（8）.

[37] 郑丽. 金融创新与金融监管的动态博弈——兼论对我国金融监管的启示 [J]. 财经论丛, 2006（4）.

[38] 朱淑珍. 金融创新理论述评 [J]. 东华大学学报（自然科学版）, 2002（3）.

[39] 龙志强, 周伟英. 浅析金融创新理论与金融体系创新 [J]. 商业经济, 2006（7）.

[40] 王瑞. 浅谈我国金融体系的现状与问题 [J]. 企业经济, 2005（1）: 147-149.

[41] 米建国, 李建伟. 我国金融发展与经济增长关系的理论思考与实证分析 [J]. 管理世界, 2002（4）: 23-36.

[42] 吴湧超. 经济发展中的宏观金融效率问题——基于1981~2009年季度数据的考察 [J]. 财经理论与实践（双月刊）, 2010（9）: 1-7.

[43] 杨凤华. 经济发展与金融发展相互作用关系的一般分析 [J]. 南通大学学报（社会科学版）, 2012（1）: 113-120.

[44] 邓晓霞. 中印农村金融体系比较——基于中印农村经济与金融体系框架下的分析 [D]. 西南财经大学博士学位论文, 2010.

[45] 李隽. 金融发展促进国际贸易发展研究——基于中国的实证分析 [D]. 云南大学博士学位论文, 2010.

[46] 肖华东. 金融体系演进的内在逻辑与我国金融体系改革的方向 [D]. 武汉大学硕士学位论文, 2004.

[47] 邵颖. 金融体系演进的内因与逻辑分析——兼论我国金融体系改革 [D]. 南京师范大学硕士学位论文, 2008.

[48] 曹瑞丽. 我国微型金融机构的可持续发展研究 [D]. 天津财经大学硕士学位论文, 2009.

[49] 孔颖. 微型金融在我国的动作模式研究 [D]. 天津财经大学硕士学

位论文，2008.

[50] 冯灵芝. 农村金融体系改革现状及问题分析——以山东省为例 [D]. 山东大学硕士学位论文，2012.

[51] 牛艳芬. 金融需求视角下的西部民族地区农村金融体系构建 [D]. 山东大学硕士学位论文，2011.

[52] 豆雯雯. 金融发展理论与我国金融体系改革实践 [D]. 西南财经大学硕士学位论文，2012.

[53] 齐梅英. 我国区域金融发展差异研究 [D]. 山东经济学院，2010.

[54] 章蓉. 区域金融综合发展水平的度量及影响因素分析 [D]. 西南财经大学，2011.

[55] 王君芬. 我国区域金融的发展差异及空间效应研究 [D]. 浙江工业大学，2008.

[56] 叶泽兴. 跨国指数联动票券新金融商品之研究评价与避险 [D]. 政治大学国际贸易研究所硕士学位论文，2000.

[57] 关韶峰. 与石油挂钩的结构性存款研究 [D]. 上海交通大学，2006.

[58] 曾士轩. 多标的资产连动债券评价与分析 [D]. 台湾国立中山大学财务管理研究所硕士学位论文，2003.

[59] 王宗润. 金融产品创新路径分析 [D]. 中南大学博士学位论文，2004.

[60] 吴盈盈. 国内结构性理财产品定价及收益研究 [D]. 首都经济贸易大学硕士学位论文，2014.

[61] 陈博. 结构型银行理财产品定价与设计探讨 [D]. 复旦大学硕士学位论文，2008.

[62] 周昕硙. 银行结构化理财产品定价分析 [D]. 清华大学硕士学位论文，2013.

[63] 廖琦. 股票挂钩型结构性理财产品定价研究 [D]. 西南财经大学硕士学位论文，2009.

[64] 柳冬健. 我国商品型结构性理财产品研究 [D]. 西南财经大学硕士学位论文，2009.

[65] 唐丹. 我国商业银行汇率挂钩型结构性理财产品设计研究 [D]. 西南财经大学硕士学位论文，2009.

[66] 吴文迪. 我国银行结构性理财产品创新研究 [D]. 华东师范大学硕士学位论文，2009.

［67］魏攀．我国商业银行结构性理财产品设计研究［D］．首都经济贸易大学硕士学位论文，2012.

［68］任敏．股票挂钩型结构性理财产品设计与定价研究［D］．华侨大学硕士学位论文，2009.

［69］安亦阳．我国商业银行结构型理财产品风险研究［D］．吉林大学硕士学位论文，2014.

［70］王虹．商业银行结构型理财产品投资收益与风险测度研究［D］．东北农业大学硕士学位论文，2013.

［71］余静然．基于 VaR 方法的商业银行结构型理财产品的风险管理研究［D］．湖南大学硕士学位论文，2014.

［72］金海平．结构型理财产品质量评价与监管研究［D］．天津大学硕士学位论文，2010.

［73］刘学颖．银行结构型理财产品设计研究［D］．天津财经大学硕士学位论文，2010.

［74］温婷婷．我国商业银行结构型理财产品的定价研究［D］．北方工业大学硕士学位论文，2015.

［75］王娟．我国商业银行结构型人民币理财产品的定价分析［D］．安徽大学硕士学位论文，2012.

［76］张燚．股票结构型银行理财产品投资研究［D］．西南财经大学硕士学位论文，2009.

［77］李斌冰．结构性理财产品的设计——以金泰分级理财产品为例［D］．上海交通大学硕士学位论文，2010.

［78］杨渡．结构性理财产品的设计、创新与风险管理［D］．复旦大学硕士学位论文，2010.

［79］刘坤．固定收益型人民币理财产品分析［D］．对外经贸大学硕士学位论文，2006.

［80］刘台芬．保本型高收益债券的结构与评价［D］．台湾大学商学院研究所硕士学位论文，2002.

［81］刘一凡．股票挂钩型结构性银行理财产品特征及其定价分析［D］．同济大学硕士学位论文，2008.

［82］王安．一类与黄金挂钩的结构性产品的定价分析［D］．浙江大学硕士学位论文，2011.

［83］黄庆．结构性理财产品投资分析［D］．西南财经大学硕士学位论

文, 2009.

外文文章类

[1] Alan Heston, Robert Summers and Bettina Aten, (2006), "Penn World Table Version 6.2", Center for International Comparisons at the University of Pennsylvania (CICUP).

[2] Josef Christl. Finaneial Instruments Struetured Produets Handbook [M]. 2004.

[3] Allen Franklin and Gale, Douglas. Comparing Financial Systems [M]. The MIT Press, 2000.

[4] Robert Loekie. Why struetured produets do not work in a portfolio [M]. Bloomsbury Finaneial Planning, 2004, 4.

[5] Marc Oliver Rieger & Thorsten Hens. Explaining the demand for structured financial products: survey and field ex-perimentevidence [M]. Journal of Business Economics, 2012.

[6] Satyajit Das. Struetured Products and Hybrid Securities [M]. John Wiley & Sons (Asia) Pte Ltd. 2001.

[7] Goldsmith Raymond. Financial structure and development [M]. New Haven: Yale University Press, 1969.

[8] Vihang Errunza and Etienne Losq, International asset pricing under mild segmentation: Theory and test [J]. Journal of Finance, Vol. 40, (1985), pp. 102 – 122.

[9] Barro R. J., Technological Diffusion, Convergence and Growth [J]. Journal of Economic Growth, Vol. 2, (1997), pp. 1 – 27.

[10] Kim, Jong-Ⅱ, and Lau, Lawrence. J. The Sources of Economic Growth of the East Asian Newly Industrialized Countries [J]. Journal of Japanese and International Economics, 8 (3), (1994), pp. 235 – 271.

[11] Paul Krugman, Myth of Asia's miracle [J]. Foreign Affairs, (November, 1994), pp. 62 – 79.

[12] Sachs, Jeffrey D and Woo, Wing Thye. Understanding China's Economic Performance [W]. NBER Working Papers Series, Working Paper 5935, 1997.

[13] Jefferson, Gary H., Rawski, Thomas G., Wang Li, and Zheng Yuxin, Ownership Productivity Change and Financial Performance in Chinese Industry [J]. Journal of Comparative Economics, Vol. 28, (2000), pp. 786 – 813.

[14] Grossman G., Kreuger A., Economic Growth and the Environment [J]. Quarterly Journal of Economic, 1995, 110 (2), pp. 337 – 353.

[15] Levine Ross, Loayza Norman, Beck Thorsten. Financial Intermediation and Growth: Causality and Causes [R]. World Bank Policy Research Working Paper, No. 2059, 1999.

[16] Levine Ross, Zervos Sara. Stock Market, Banks, and Economic Growth [R]. World Bank Policy Research Working Paper, No. 1690, 1996.

[17] Daniel Berkowitz, Katharina Pistor and Jean-Francois Richard. Economic Development, Legality, and the Transplant Effect [J]. European Economic Review, 2003 (47): 165 – 195.

[18] Cobham and Serre. A Characterization of rn1e French Financial System [J]. Manchester School, 2000 Vol. 68, No. 1. 44 – 67.

[19] K. C. Chen, Lifan Wu. An anatomy of Bullish Underlying Linked Securities [J]. Global Finance Journal, 2010, (18): 34 – 46.

[20] Wolfgang Breuer Achim Perst, Retail banking and behavioral financial engineering: The case of structured products [J]. Journal of Banking & Finance, 2007, 31 (3): 827 – 844.

[21] Carlin B. Strategic Price Complexity in Retail Finncial Market [J]. Journal of Financial, 2009, 91 (3): 278 – 287.

[22] Bruee A Benet, Antoine Giannetti, Seema Pissaris. Gains from structured product markets: The case of reverse-exchangeable securities (RES) [J]. Journal of Banking & Finance, 2006, 30 (1): 111 – 132.

[23] Almeida H. and Wolfen Zon D. The effect of external finance on the equilibrium Allocation of capital [J]. Journal of Financial Economics, 2005, 75 (1): 133 – 164.

[24] Patrick, Hugh T. Financial development and economic growth in underdeveloped countries [J]. Economic Development Culture Change, 1966, (Jan): 174 – 189.

[25] Greenwood J. and Smith B. D. Financial Markets in Development, and the Development of Financial Markets [J]. Journal of Economic Dynamics and Control, 1997, 21 (1): 145 – 181.

[26] Beck T., Kunt A. D & Levine R. (2003). Law and Finance: Why does Legal Origin Matter? [J]. Journal of Comparative Economics, 653 – 675.

[27] Chihiro Watanabe. Global technology spillover and its impaction on industry's R&D strategies [J]. Technovation, 2001, Vol. 21: 281 - 291.

[28] Meng Chun Ding Jing Xiao. Research on personal financial product innovation in commercial banks of China [J]. Asiian Social Science, 2010, 6 (6): 115 - 122.

[29] La Porta R., Lopez-de-Silanes, A Shleifer, Vishny. (1997). Legal Determinants of External Finance [J]. Journal of Finance, 1997, 52 (7): 1131 - 1150.

[30] Guiso, L., Sapienza, P. and Zingales, L. Does Local Financial Development Matters? [J]. Quarterly Journal of Economics, 2004, 119 (2): 929 - 969.

[31] Gurley, John and Edward Shaw. Financial Aspects of Economic Development. American Economic Review [R]. 1955, (September): 515 - 538.

[32] K. C. Chen, James C Taylor, Lifan Wu. Pricing market index target-term securities [J]. Jounal of Financial Management & Analysis, Jan-Jun 2001, 14 (1): 321 - 334.

[33] Masakazu Katsumoto & Chihiro Watanabe. External stimulation accelerating a structure shift to service oriented-a cross country comparison [J]. Journal of Services Research, March 2004, Vol. 4: 91 - 111.

网站类

[1] 国家统计局网站: http://www.stats.gov.cn.

[2] 中国人民银行网站: http://www.pbc.gov.cn.

[3] 证券之星网站: http://finance.stockstar.com.

[4] 中国证监会网站: http://www.csrc.gov.cn/pub/newsite/sjtj/.

[5] 国际货币基金组织网站: http://www.imf.org.

[6] 世界银行网站: http://www.worldbank.org.cn.